SINAIS
e SÍMBOLOS
TURÍSTICOS

Guia Ilustrado e Descritivo

SINAIS *e* SÍMBOLOS TURÍSTICOS

Guia Ilustrado e Descritivo

Organização Mundial do Turismo

ROCA

Traduzido do Original: Tourism Signs and Symbols – A Status Report & Guidebook

ISBN: 92-844-0378-2

ISBN: 85-7241-450-9

Tradução:
Gabriela Scuta Fagliari
Bacharel em Turismo pela Escola de Comunicação e Artes da Universidade de São Paulo

CIP-BRASIL CATALOGAÇÃO-NA-FONTE
SINDICATO NACIONAL DOS EDITORES DE LIVROS, RJ

S622

Sinais e símbolos turísticos : guia ilustrado e descritivo / Organização Mundial do Turismo ; [tradução Gabriela Scuta Fagliari]. – São Paulo : Roca, 2003

Tradução de: Tourism signs & simbols
Anexos
Inclui bibliografia
ISBN 85-7241-450-9

1. Turismo – Sinais e símbolos. 2. Trânsito – Sinais e símbolos. Organização Mundial do Turismo.

03-0422. CDD 338.479100147
CDU 338.48:003

2003

EDITORA ROCA LTDA.
Rua Dr. Cesário Mota Jr., 73
CEP 01221-020 – São Paulo – SP
Tel.: (11) 3331-4478 – Fax: (11) 3331-8653
E-mail: edroca@uol.com.br – www.editoraroca.com.br

Impresso no Brasil
Printed in Brazil

Prefácio

FRANCESCO FRANGIALLI
Secretário-geral

A Organização Mundial do Turismo desenvolveu um sistema único de informação no campo do turismo. Essa publicação sobre sinalização turística é um de seus resultados.

Hoje, a globalização proporciona encontros cada vez mais freqüentes entre pessoas de diferentes culturas, com línguas e costumes tão diversos que nenhuma linguagem universal poderia harmonizá-las facilmente. A comunicação humana universal, entretanto, existe desde o início dos tempos. Começou com signos e sinais, gestos que civilizações tão antigas quanto a chinesa ou a egípcia exprimiram na forma de ideogramas ou hieróglifos.

Em um mundo tão diversificado, em que as transformações estão se tornando mais freqüentes, sob os efeitos da expansão da sociedade da informação e das novas tecnologias de comunicação, mensagens comuns transmitidas por meio de imagens devem ser planejadas para facilitar o movimento de pessoas e melhorar a segurança, a integridade e o conforto dos usuários de instalações e localidades turísticas. Imagens, palavras, objetos e idéias representados por símbolos podem ser amplamente compreendidos se forem simples e atenderem às necessidades universais. Esse desenvolvimento gera uma demanda mais voraz não apenas por informação e qualidade da hospitalidade oferecida, mas também pela promoção e identidade de territórios, áreas e elementos do patrimônio com vocação turística, assim como publicidade e identificação de empresas turísticas, cuja tendência de se tornar transnacional está aumentando.

Essa necessidade por comunicação universal, independentemente da língua, é preservada como um princípio fundamental da Declaração de Manila sobre o Turismo Mundial, reconhecida em 17 de setembro de 1980. O uso de símbolos para representar atrativos turísticos é um passo decisivo nessa direção. O Secretariado da OMT reuniu um conjunto completo de sinais e símbolos que foram ou poderiam ser padronizados internacionalmente, assim como marcas registradas e cores relevantes para segurança, integridade e conforto dos turistas e usuários de instalações e infra-estrutura turística e de transporte.

Essa publicação é uma importante fonte de informação, tratando da questão dos sinais e símbolos relacionados com viagem e sinalização turística. É o resultado de um levantamento realizado nos órgãos gestores nacionais de turismo em todo o mundo, além de outras organizações internacionais como IMO, ICAO, FIA e ISO, as quais lidam direta ou indiretamente com esse assunto. É uma fonte de conhecimento e suporte para planejadores, gestores, especialistas em *marketing* e todos aqueles responsáveis por comunicação em turismo ou organizações e empresas relacionadas ao turismo. Essa publicação apresenta conceitos e terminologias utilizados nessa área, assim como mais de 290 símbolos potenciais para informação pública e turística, os quais estão em fase de concordância como parte da cooperação da OMT com outras organizações internacionais.

Madri, abril de 2001.

Agradecimentos

Para a preparação desta publicação, o Secretariado da OMT solicitou informações de outras fontes internacionais, como a Organização Internacional para Padronização (ISO), a Federação Automobilística Internacional (FIA), a Organização Mundial de Propriedade Intelectual (WIPO), a Cooperação Econômica Ásia-Pacífico (APEC), a Organização Marítima Internacional (IMO), a Organização Internacional de Aviação Civil (ICAO) e a União Internacional de Ferrovias

O Secretariado da OMT gostaria de estender seus sinceros agradecimentos aos países membros e às organizações internacionais governamentais e não-governamentais que auxiliaram na preparação desta publicação, especialmente a Federação Internacional das Operadoras de Turismo (IFTO), que informou à OMT, no início, de 1997 o risco de se originar uma confusão causada pelas diferentes cores das bandeiras de advertência nas praias no mundo todo.

Esta publicação foi realizada com a colaboração de um consultor, Prof. Robert Lanquar, Ph.D. O esboço foi revisado e consolidado por Henryk Handszuh e formatado por Eril Wiehahn e Carmen López-Lahesa (Secretariado da OMT).

Índice

Siglas e Abreviações

AARP	Associação Americana de Pessoas Aposentadas (American Association of Retired Persons)
AENOR	Associação Espanhola para Padronização (Associación Española de Normalización)
AFIT	Agência Francesa para Engenharia Turística (Agence Française pour l'Ingénierie Touristique)
AFNOR	Agência Francesa para Padronização (Agence Française de Normalisation)
AH&MA	Associação Americana de Hotéis e Motéis (American Hotel and Motel Association)
ALPE	Associação Espanhola contra Poliomielite (Spanish Association against Poliomyelitis)
ANSI	Instituto Americano de Padrões Nacionais (American Nacional Standards Institute)
APEC	Cooperação Econômica Ásia-Pacífico (Asia Pacific Economic Cooperation)
APEC/TWG	Grupo de Trabalho de Turismo da APEC (APEC Tourism Working Group)
BSI	Instituição de Padrões Britânicos (British Standards Institution)

COPANT	Comissão Pan-Americana para Padrões Técnicos (Pan-American Comission for Technical Standards)
CSBTS	Departamento Oficial Chinês de Qualidade e Supervisão Técnica (China State Bureau of Quality and Technical Supervision)
DGNT	Superintendência Geral para Padronização (México) (General Direction for Standardization – Mexico)
FIA	Federação Automobilística Internacional (Fédération Internacionale de l'Automobile)
ICAO	Organização Internacional de Aviação Civil (International Civil Aviation Organization)
IFTO	Federação Internacional de Operadores de Turismo (International Federation of Tour Operators)
IMO	Organização Marítima Internacional (International Maritime Organization)
INDECOP	Instituto Nacional em defesa da Concorrência e Proteção da Propriedade Intelectual (Peru) (National Institute for Competition and Intellectual Property Protection – Peru)
INN	Instituto Nacional para Padronização (Chile) (National Institute for Standardization – Chile)
IOC	Comitê Olímpico Internacional (International Olympic Committee)
ISO	Organização Internacional para Padronização (International Organization for Standardization)
ISO/TC	Comitê Técnico da ISO (ISO Technical Committee)
JISC	Comitê de Padrão Industrial Japonês, Departamento de Padrões, MITI (Japanese Industrial Standards Committee c/o Standards Department, MITI)
KNITQ	Instituto Nacional Coreano de Tecnologia e Qualidade (Korean National Institute of Technology and Quality)
NTA	Administração Nacional de Turismo (National Tourism Administration)

NTO	Escritório ou Organização Nacional de Turismo (National Tourism Office or Organization)
RI	Reabilitação Internacional (Rehabilitation International)
RIS	Rede de Postos de Informação (Network of Info Bays – Réseau d'Info Stations)
SAA	Padrões Australianos (Standards Australia)
SADC	Comunidade de Desenvolvimento da África do Sul (South Africa Development Community)
SCC	Conselho de Padronização do Canadá (Standard Council of Canada)
SNZ	Padrões Nova Zelândia (Standards New Zealand)
TISI	Instituto Tailandês de Padrão Industrial (Thai Industrial Standards Institute)
TRIPS	Direitos de Propriedade Intelectual Relacionada a Negócios (Trade Related Intellectual Property Rights)
UIC	União Internacional de Ferrovias (Union Internationale des Chemins de Fer)
UNCRT	Conferência das Nações Unidas sobre Tráfego Rodoviário (United Nations Conference on Road Traffic)
UNDP	Programa de Desenvolvimento das Nações Unidas (United Nations Development Programme)
UNIT	Instituto Uruguaio de Normas Técnicas (Instituto Uruguayo de Normas Técnicas)
WIPO	Organização Mundial da Propriedade Intelectual (World Intellectual Property Organization)
WTO/OMC	Organização Mundial do Comércio (World Trade Organization)
WTO/OMT	Organização Mundial de Turismo (World Tourism Organization)

Principais Termos Utilizados

Atrativos turísticos: Locais e eventos que podem ser de interesse para indivíduos na utilização de seu tempo livre, tanto ativo quanto passivo, e que estão fora de seu ambiente cotidiano e necessidades básicas de compras, acomodação, alimentação e serviços.

Direito autoral: Símbolo que assegura o direito legal para reproduzir, publicar ou vender um trabalho ou parte deste em literatura, música ou arte, como um logo, signo, ícone.

Ícone: Signo que origina uma analogia ou semelhança com o objeto em questão e permite uma ligação para facilitar tarefas de computadores (macro-link em um programa de computador).

Indicação: Um signo que associa a um objeto material (fumaça indica fogo, movimento do cata-vento indica vento, etc.).

Instalações turísticas: Estabelecimentos, edifícios e equipamentos utilizados pelos visitantes durante sua viagem.

Logo ou logotipo: Emblema ou desenho escolhido como um distintivo de uma organização ou empresa em seu material promocional.

Marca registrada: Emblema ou palavra(s) que é legalmente registrada ou já estabelecida para nomear as mercadorias e serviços de uma organização, fábrica ou companhia. "Qualquer signo capaz de distinguir as mercadorias e serviços de um empreendimento daquelas de outro está apto a constituir uma marca registrada". (Agreement on Trade Related Aspects of Intellectual Property Rights (TRIPS) of the World Trade Organization and the World Intellectual Property Organization, Geneva, 1994).

Marcador: Signo gráfico utilizado para indicar posição no solo para aeronaves, curso no oceano para embarcações, em varas ou árvores para rampas de esqui e trilhas, caminhos, etc.

Referente: Assunto representado pelo símbolo e uma mensagem verbal concisa do significado deste.

Uma **variante** é uma proposta de símbolo alternativo para um determinado referente.

Signo: O termo "signo" denota uma marca, artifício ou símbolo utilizado para ser compreendido e que permite representar ou distinguir coisas, objetos, conceitos ou lugares.

Símbolo: Figura visualmente perceptível, reproduzida por meio de escrita, desenho, pintura ou outra técnica industrial, que tem por objetivo transmitir um significado específico.

Símbolo de informação pública: Símbolo gráfico com objetivo de informar o público em geral; sua compreensão normalmente não depende de um treino especializado ou profissional.

Símbolo gráfico: Figura visualmente perceptível utilizada para transmitir informação sem depender de linguagem. Pode ser produzido por desenho, impressão ou outro meio.

Sinal: Um signo composto por som, luz ou estrutura sólida.

Observe o uso dos termos "signo", "símbolo", "símbolo gráfico", "emblema", "figura", dos quais "símbolo" parece ser o denominador comum. Convencionalmente, o termo "símbolo" será o mais utilizado. Porém, outras definições e termos podem aparecer nos documentos propostos pelos países, como pictograma ou ideograma. O primeiro (pictograma) é um desenho que sugere uma atividade, serviço ou instalação sem qualquer alusão a uma marca registrada ou assinatura; o último (ideograma) é um signo que é colocado antes de uma indicação para um destino, a fim de caracterizar sua tipologia.

Introdução

Esta publicação acumula as atividades no período de 1998-2000 da Organização Mundial de Turismo, correspondente ao seu Programa de Qualidade de Desenvolvimento do Turismo, em especial no tópico sobre padrões técnicos.

O Comitê de Suporte de Qualidade da OMT tratou dos signos e símbolos turísticos em seu quarto encontro (Madri, Espanha, 12 e 13 de abril de 2000). Propôs uma série de recomendações ao Conselho (incluídas nesta publicação como Anexo 7), o qual a aceitou em 30 de novembro de 2000 pela decisão CE (DEC/6 [LXIII-LXIX]).

A decisão de publicar os resultados do trabalho realizado até agora foi induzida por alguns fatores: número crescente de pesquisas sobre signos e símbolos turísticos; solicitações de cooperação técnica de países membros e não-membros da OMT, assim como de organizações de cunho turístico; interesse pelos símbolos de informação pública por parte da Organização Internacional de Padronização (ISO); necessidade de globalização estimulada pelas tecnologias de informação e pelo turismo. Tanto as tecnologias de informação quanto o turismo necessitam de instrumentos de comunicação eficazes, como signos e símbolos gráficos, adequados à cultura local, porém compreendidos em âmbito mundial. Os signos e símbolos facilitam e asseguram a velocidade de transferência de mensagens importantes para a segurança e o conforto do viajante, e tornam a viagem e o serviço mais diretos e gratificantes.

Em razão do caráter abrangente do turismo[1], todos os símbolos de informação pública, além daqueles específicos da atividade, são de interesse do setor. Como conseqüência, a expressão "sinais e símbolos turísticos" também pode ser substituída pela expressão "sinalização para visitantes" para envolver os excursionistas e os turistas.

Certamente, sinais e símbolos turísticos ou sinalização para visitantes vão além daquilo que pode comumente estar associado a atrativos turísticos. Essa sinalização é composta não apenas por pictogramas, mas também por emblemas, setas e postes de sinalização, caracterizando símbolos gráficos ou mensagens escritas.

Alguns signos e símbolos já foram padronizados, porém seu emprego não é universal. Parte deles pode necessitar de padronização, mas outros não devem ser padronizados. No entanto, a situação da sinalização para visitantes deve sempre ser clara para os planejadores e gestores de turismo, de forma que possam fazer escolhas conscientes sobre seu uso e desenvolvimento.

Esta publicação apresenta três objetivos principais:

- Informar os leitores sobre a condição da sinalização para visitantes no mundo, de acordo com as atividades que dizem respeito a ela nos países, destinos turísticos e organizações internacionais;
- Fornecer auxílio para os planejadores de turismo local ou nacional, e para gestores de comunicação de empreendimentos turísticos, como operadoras de turismo, transportadoras, redes hoteleiras, estabelecimentos de lazer, etc.;
- Estimular os educadores de turismo a incluir sinalização para visitantes nos currículos acadêmicos, especialmente em cursos de guias de turismo.

FONTES DE INFORMAÇÃO

Os achados do levantamento realizado pela OMT sobre sinalização turística (novembro de 1997 – março de 1998)[2], apresentados no relatório interino sobre a Situação dos Signos e Símbolos Turísticos no Mundo (QSC.3/2 [d]), em um documento mais antigo, o Relatório sobre Padronização de Signos e Símbolos Turísticos, publicado pelo Secretariado da OMT em 1989 (PG [VI]B.5.1)[3], bem como em documentos recebidos do Comitê Técnico 145 da ISO – Símbolos de Informação Pública, foram as principais fontes dessa publicação.

Há uma lista detalhada de fontes de informação na Bibliografia, no final desta publicação.

INSTRUÇÕES DO LEVANTAMENTO DA OMT DE 1997-1998 SOBRE SIGNOS E SÍMBOLOS TURÍSTICOS

Enquanto os signos e símbolos turísticos podem contribuir para o aumento da transparência no setor turístico, o levantamento da OMT reforçou a convicção dominante de que mais informação e transparência eram urgentemente necessárias sobre como a sinalização para visitantes pode ser feita e melhorada e quem poderia tomar a iniciativa e assumir responsabilidade para essa atividade, de modo que ela gerasse benefícios para todos.

O levantamento da OMT confirmou que todos os esforços que conduzem a esse objetivo são válidos, mas que estes devem ser reconhecidos nas atividades principais dessa área e levar a uma harmonização e possível padronização mundial.

A harmonização é a essência da abordagem e dos critérios metodológicos para desenvolver a padronização de símbolos para sinalização para visitantes, os quais devem atender a três exigências:

- Visibilidade
- Permanência
- Coerência

Portanto, espera-se que esta publicação ajude a despertar a consciência das pessoas responsáveis pelas decisões no turismo, interessadas em uma visão que forneça suportes conceitual, material e operacional para o trabalho, permanecendo à frente por vários anos.

CONCEITOS BÁSICOS NECESSÁRIOS

Os signos e símbolos foram os primeiros instrumentos utilizados pela humanidade para promover a comunicação. A semiologia (ciência que estuda signos e símbolos na vida social) permite entender como os diferentes usos de signos e símbolos são estabelecidos, por exemplo, para os propósitos do turismo[4]. De acordo com os pioneiros da semiologia[5], o signo deve ter significado, ou seja, é um processo ativo, o resultado de uma interação dinâmica entre signo/símbolo, objeto e assunto.

Os signos e símbolos turísticos devem expressar seu significado na linguagem mais universal e simples possível. Os signos ou símbolos não são entendidos, compreendidos ou explicados nos mesmos termos e nem de acordo com a mesma razão ou baseado nas mesmas premissas por psicanalistas, sociologistas, cientistas ou religiosos. A palavra "símbolo" se origina do grego *sum-bolon*, um "signo de identificação" – um objeto cortado em dois constituindo um signo de identificação quando os portadores são capazes de unir as duas partes. Símbolos são necessários para atuar como uma ponte, entendendo uma realidade que pode ser expressa apenas de modo indireto[6]. Esta é a razão pela qual a noção do símbolo pode ser muito imprecisa e ocasionar aceitações que, às vezes, são contraditórias[7].

Um símbolo é um "objeto ou fato natural na forma de uma imagem que leva, pela sua forma ou natureza, a uma associação de idéias naturais (em um determinado grupo social) com algum fator abstrato ou ausente"[8]. Portanto, é entendido como um mediador[9]; é a face visível do invisível, a expressão do elemento que origina uma expressão.

Quando os semiologistas mostraram a diferença entre o significante e o significado, salientaram que signos/símbolos poderiam ser objetos de separação. Porém, é a arte da associação que deve ser enfatizada pelo signo ou símbolo turístico, como o encontro entre culturas e sociedades, que são freqüentemente muito diferentes[10]. Na estrutura do fenômeno turístico, "signos e símbolos" devem fazer parte da comunicação não-escrita, a qual é mais universal que linguagem e idiomas, mesmo aqueles amplamente falados no setor de viagens e turismo internacional, como o inglês. No entanto, o desenvolvimento de certas técnicas de comunicação molda nossos sentidos e processos cognitivos, de modo que se torna impossível separar o conteúdo do pensamento e a forma de expressão que o transmite. Outros pensadores contemporâneos, como Regis Debray[11], consideram que as civilizações passam por três estágios: logoesfera (a palavra falada), grafoesfera (a palavra escrita) e videoesfera (imagens ou signos e símbolos), no qual nos encontramos atualmente.

Uma pesquisa sobre signos e símbolos necessariamente deve envolver não apenas semiologia, mas também outras disciplinas, como:

- *Lingüística*. Os signos e símbolos turísticos incluem informação escrita (nome de uma localidade, distância em quilômetros, etc.), que pode ser expressa em um idioma que é lido de forma diferente do idioma do turista (da direita para a esquerda ou de cima para baixo, em vez da esquerda para a direita). E o significado de um signo escrito pode variar até mesmo entre pessoas que falam o mesmo idioma (como a diferença existente entre o espanhol falado na Europa e aquele falado na América Latina).
- *Psicossociologia*. A abordagem individual ou coletiva para um símbolo pode variar de acordo com certos elementos dos ambientes psicológico e social.
- *Lei e jurisprudência*. Pode haver implicações legais na elaboração e ampla adoção de signos e símbolos (tais como aqueles que visam facilitar o trânsito ou reduzir barreiras para os fluxos turísticos).
- *Estética e ambiente*. Devem-se levar em consideração os efeitos estéticos de signos e símbolos subjetivos e a construção do significado nos ambientes cultural e natural.
- *Desenvolvimentos econômico e regional*.

Em um mundo cada vez mais complexo, com grande diversidade de sociedades e culturas, os signos devem ser heterogêneos, mas não discrepantes. Os signos ou símbolos turísticos não podem apresentar um sentido obscuro baseado em um código especial que pode ser decifrado apenas por pessoas treinadas ou que tenham acesso a ele. A pessoa para quem o signo destina-se (turista ou morador) deve, pelo menos, ser capaz de determinar as conjecturas preliminares do signo ou símbolo, entre elas as reais intenções de quem o criou e a estrutura cultural da qual a mensagem faz parte.

O ambiente físico do signo ou símbolo é importante para a interpretação. Um poste indicador em uma área de dunas de areia será mais fácil de ser compreendido e interpretado se exibir um símbolo indicando que há uma fonte ou oásis próximo do que se indicar que a distância até Paris é de 5.000km. Isto não afeta, de modo algum, a autenticidade do ambiente físico ou cultural. Os signos não desvalorizam um atrativo turístico ou depreciam seu prestígio ou natureza exclusiva. Eles simplesmente o inserem em um sistema universal de comunicação. Permitem uma tradução na linguagem que pode ser entendida pela maioria.

NECESSIDADE DE SINALIZAÇÃO RODOVIÁRIA PARA O TURISMO

A sinalização rodoviária para o turismo mostra-se inadequada e insuficiente, especialmente em áreas rurais, embora, às vezes, possa existir em excesso nos locais mais populares, criando confusão e poluição visual. Os órgãos gestores de turismo, nacional e local, devem ter uma política específica para organizá-la.

Os planos de desenvolvimento turístico devem abranger os sinais de trânsito, permitindo que visitantes locais e estrangeiros recebam informação sobre a localização dos destinos ou atrativos e/ou como alcançá-los.

A fim de alcançar esse objetivo, o órgão gestor de turismo deve seguir os seguintes passos:

- definir previamente quais destinos e recursos possuem atratividade, começando com aqueles que já fazem parte de roteiros turísticos e determinando a localização mais adequada para os postes de indicação;
- quando apropriado, obter um consentimento do ministério responsável pelas estradas e/ou transportes;
- definir com esse ministério os critérios para instalação de sinais rodoviários gerais em caracteres do alfabeto nacional, em latim ou por meio de figuras (números, identificação da rodovia, distâncias até cidades, entroncamentos, etc.);
- escolher os símbolos a serem adotados, inicialmente utilizando signos e símbolos aceitos internacionalmente ou utilizados de maneira ampla;
- substituir, com o consentimento das autoridades locais, alguns sinais existentes para colocá-los nos padrões nacionais e internacionais;
- definir projetos associados, como áreas de descanso e mirantes, equipando-os com os sinais adequados.

BREVE HISTÓRICO DA SINALIZAÇÃO PARA VISITANTES

Alguns historiadores sugerem que os signos representam um ramo da imprensa. Foi um impressor da cidade de Lyon, na França, Charles Estienne, que em 1552 publicou os primeiros guias cartográficos da

França (*Le Guide des Chemins de France* e *Les Fleuves au Royaume de France*) e inventou palavras-chave e abreviações, fornecendo indicações mínimas com grande precisão sobre as cidades ao longo das rotas, as distâncias entre elas, as passagens, etc. Signos e marcas se desenvolveram naturalmente com a evolução das sociedades industriais e a expansão da malha rodoviária e ferroviária. Antes disso, as autoridades locais geralmente, arrecadavam taxas nas estradas, e o coletor destas atuava como guia. "Ele indicava as melhores rotas, a localização de pontes e passagens e os nomes de alguns vilarejos e cidades. Ele também atuava como agente alfandegário, cambista e podia emitir salvo-condutos"[12].

Os primeiros símbolos de informação pública surgiram nas instalações turísticas com a expansão das ferrovias e a construção de grandes estações ferroviárias. Até as décadas de 1840-1850 as locomotivas viajavam sem nenhum sinal visual e anunciavam sua chegada com apitos ou sirenes, porém, gradualmente, o aumento de sua velocidade passou a demandar mudanças desses métodos. O primeiro sinal fixo foi instituído em 1834, na linha Manchester-Liverpool. Após 1850, os códigos de sinalização começaram a ser unificados de acordo com quatro categorias principais que se tornaram a base para os sinais rodoviários atuais:

- Sinais de indicação
- Sinais de advertência
- Sinais de redução de velocidade
- Sinais de parada

Com relação às cores, era geralmente aceito que o *branco* significava "ir em frente", o *amarelo* "reduzir a velocidade" e o *vermelho* "parar".

A sinalização para visitantes expandiu-se com as sociedades industriais. A Primeira Guerra Mundial acelerou a instalação de sinais rodoviários ao longo das principais rotas estratégicas. Com o início da viagem em massa, a sinalização apareceu em toda parte ao mesmo tempo, assim como a classificação de estradas e instalações turísticas, como hotéis, hospedarias, restaurantes, etc.

Atualmente, sinalização turística e para visitantes deve ser parte dos programas de turismo referentes a informação, promoção e desenvolvimento regional, com ênfase especial nos postes indicadores. Alguns países, como a França, criaram uma nova palavra para tal atividade; no caso francês, *signalétique*, isto é, a técnica de transmitir informação turística por meio de comunicação não-escrita. Esse instrumento está se desenvolvendo rapidamente.

Ao mesmo tempo, várias pesquisas de satisfação do turista elaboradas dentro da estrutura de controle integrado de qualidade de destinos turísticos mostraram, a partir da dualidade "importância/descontentamento", que a sinalização para visitantes pode ser uma área principal de disfunção em instalações, planejamento e serviços de *resorts*, especialmente para "signos indicando atividades" e "postes indicadores de direção".

Sinalização para visitantes e satisfação do turista

Desde 1993, na França, os *resorts* de praia fazem parte, com o apoio da Agência Francesa para Engenharia de Turismo (AFIT), de um plano para melhorar a qualidade dos *resorts*. Uma pesquisa foi feita com 11 500 turistas, apresentando o método e as primeiras ações tomadas pelos *resorts*. A AFIT espera que as partes interessadas se empenhem para obter padrões de turismo competitivos e modernos. A pesquisa realizada durante o verão de 1994 (agosto a setembro), em 13 *resorts* de praias, apontou os fatores que são importantes para os turistas:

- Signos para atividades (77% dos entrevistados os consideraram importante, e 18% mostraram-se descontentes)
- Postes indicadores de direção (82% dos entrevistados os consideraram importante, e 1% mostrou-se descontente)
- Exatidão da informação recebida (51% dos entrevistados a considerou importante, e 8% mostrou-se descontente)

Os clientes mais críticos parecem ser majoritariamente jovens franceses que se hospedam em acomodações comerciais.

Isto deve levar à adaptação de sinais para praias e portos, de modo a evitar a superlotação de certas áreas. Além disso, adaptações para pessoas com mobilidade reduzida e estudos para a implantação de postes de sinalização foram realizados para melhorar os fluxos de usuários.

Sinalização para visitantes em reservas naturais

Para reservas naturais, têm-se realizado esforços separados muito importantes. Um guia francês de sinalização para visitantes foi publicado, em abril de 1987, pelo Ministério do Meio-Ambiente e a Conferência Permanente sobre Reservas Naturais. Um outro guia foi publicado pelo mesmo Ministério, juntamente com a Divisão de Área Natural do Departamento de Proteção à Natureza. O primeiro visava ser um instrumento técnico operacional para guardas-florestais, incluindo procedimentos técnicos e recomendações. O último possui duas seções com informações sobre sinais – a primeira abrange o esquema do signo e a segunda estabelece os pontos fracos e fortes de todos os materiais e técnicas disponíveis, com exemplos (fotografias) de signos.

Sinalização para visitantes e desregulamentação

No Reino Unido, esforços especiais têm sido realizados desde 1984, quando todos os sinais e símbolos foram considerados propagandas e submetidos ao Regulamento para promoção na estrutura do planejamento territorial. Pesquisas realizadas com turistas mostraram que a implantação de postes de sinalização teve papel fundamental na escolha do local, monumento ou atrativo. Quando a desregulamentação de sinais aconteceu, em janeiro de 1996, as mudanças não apresentaram conseqüências positivas – proliferação de sinais poluindo visualmente o ambiente, sinais com significado obscuro, falta de critérios de qualidade, etc. Assim, para preencher o vazio criado pela desregulamentação, a Instituição de Padrões Britânicos (BSI) propôs a criação de cerca de 300 símbolos de informação pública baseados nas especificações identificadas pela BSI (334 símbolos potenciais foram identificados) e esboçados de acordo com as principais diretrizes da ISO 3461. Estima-se que o projeto, os testes e a aprovação desse esquema de sinalização para visitantes custarão o equivalente a cerca de 50 milhões de dólares.

Tem-se obtido experiência. Cada destino e território procura sua própria identidade e peculiaridade por intermédio de novos tipos de sinais, utilizando-se uma diversidade de logos, letreiros, cartazes, marcas registradas e postes de sinalização, gerando confusão e incoerência nas mensagens nacionais e regionais. A busca pela consistência deve, portanto, ser uma das principais obrigações dos responsáveis pela sinalização turística.

APLICAÇÃO

Os signos e símbolos turísticos são encontrados, principalmente, em:

- locais públicos, como aeroportos, portos marítimos, estações e terminais rodoviários e ferroviários, etc.
- estradas, ruas, caminhos, trilhas, pistas de esqui, etc.
- edifícios,

assim como mapas, diagramas de orientação, guias de viagem e panfletos turísticos e, atualmente, nos portais e *web sites* da Internet (ícones).

Esta publicação é dirigida, principalmente, para órgãos governamentais e profissionais do setor privado que desejem melhorar a sinalização para visitantes em seus destinos, assim como para educadores, guias turísticos e acompanhantes que desejam aprimorar seus conhecimentos sobre o assunto.

Comentários e exemplos são bem-vindos pela OMT, de modo que esse organismo possa continuar a trabalhar para melhorar a qualidade do turismo e desempenhar o papel da Organização como carteira de compensação nesta importante área.

Notas

1 "As atividades de pessoas que viajam e permanecem em fora de seu local de residência habitual por um período que não deve exceder um ano consecutivo, para lazer, negócios e outros objetivos". Consultar Recommendations on Tourism Statistics, United Nations/World Tourism Organization, UN Series M, Nº 83, New York 1994.

2 Para a qual mais de cinqüenta países e territórios contribuíram com informação e idéias.

[3] Consultar Anexo 1 desta publicação.

[4] Do passado histórico, símbolos gráficos, na forma de logotipo, que sobreviveram em escudos e brasões, assim como bandeiras ou estandartes simbolizando linhagens e famílias históricas. Podem, ainda, serem encontrados em edifícios e guias turísticos. Alguns escudos de armas e algumas cores se desenvolveram em símbolos nacionais.

[5] Especialmente Ferdinand de Saussure.

[6] cf. Charles Morris, Foundations of a theory of signs, Chicago UP, Chicago, 1938.

[7] Os primeiros semiologistas fizeram uma distinção entre três tipos de signos: indicações, ícones e símbolos. Como explicado no item "Principais termos utilizados", a indicação é um signo que se associa a um objeto material (fumaça indica fogo, movimento do cata-vento indica vento, etc.). O ícone é um signo que cria uma analogia e semelhança com o objeto em questão. Esta é a razão pela qual os ícones foram escolhidos para facilitar tarefas de computador. Finalmente, o símbolo se coloca de lado, para reforçar sua funcionalidade e eficiência.

[8] Petit Dictionnaire Robert, Paris, 1999.

[9] De acordo com o filósofo Paul Ricoeur.

[10] Consultar particularmente Umberto Eco, I limiti dell'interpretazione, Di Fabbri, Milan, 1990.

[11] Régis Debray, Manifestes médiologiques, Paris, Gallimard, 1994.

[12] Consultar Marc Boyer e Philippe Viallon in La Communication Touristique, PUF, Paris, 1994.

CAPÍTULO 1

Experiências Nacionais Relacionadas com Signos e Símbolos Turísticos

Os países que lidaram, nos últimos anos, com signos e símbolos turísticos visaram aplicar os princípios de uniformidade, coerência e continuidade a estes, o que envolve procedimentos mais bem definidos entre os níveis local e nacional.

Políticas voltadas para signos e símbolos turísticos são, geralmente, idealizadas em nível nacional, e quanto mais desenvolvida a indústria do turismo em um país ou território, maior a probabilidade de que haja um programa de ação coerente, centralizado e coordenado conforme acordos e regulamentos internacionais.

Países e territórios podem adotar regras e regulamentos específicos que controlem os signos e símbolos turísticos em escala nacional e para todos os países, como parte de regras e regulamentos gerais aplicáveis para todos setores. Verifica-se essa situação principalmente na Europa; entretanto, isso tende a ocorrer em outros continentes, especialmente em países que planejam implantar ou reforçar um programa de ação nacional abrangente[1].

Tal programa, mantido por leis e regulamentos, pode ser aplicado aos diferentes tipos de signos e símbolos, de acordo com as seguintes categorias[2]:

A. Símbolos de informação pública em instalações turísticas
B. Símbolos de informação pública em localidades turísticas
C. Sinais rodoviários
D. Sinais em estações rodoviárias e ferroviárias, portos marítimos e aeroportos
E. Símbolos para instalações turísticas
F. Símbolos para atrativos turísticos
G. Rotas turísticas (marcadores)
H. Símbolo oficial de "informação turística"
I. Logotipo nacional de promoção turística

PAPEL DOS ÓRGÃOS GESTORES NACIONAIS DE TURISMO

Em um número crescente de países e territórios, os órgãos gestores nacionais de turismo são responsáveis, em nível nacional, pela adoção e implementação de signos e símbolos turísticos. Caso não o sejam, são consultados sobre esse assunto por outro órgão competente.

Quem é responsável pela sinalização para visitantes?

Na República do Chipre, o Ministério de Comunicação e Obras Públicas consulta a Organização de Turismo do Chipre antes de colocar um sinal para um atrativo turístico específico. Na Jordânia, a responsabilidade da NTA/NTO é dividida com o Clube Real do Automóvel da Jordânia, com o Ministério de Obras Públicas e de Habitação e com o Centro Geográfico Real da Jordânia; na China, com a direção técnica nacional responsável por supervisão e controle; em Macau, com o Departamento de Obras Públicas; na Romênia, com os Ministérios do Meio Ambiente e do Interior.

A responsabilidade de adotar e implementar a sinalização para visitantes também é, freqüentemente, dividida com os órgãos estaduais e municipais de turismo, para a implantação dos símbolos de informação pública em locais turísticos, como nos casos da Bolívia, Peru, Laos, China, Macau, Israel, Romênia ou, então, com a Associação de Turismo e Hotel, como em Aruba.

EXPERIÊNCIAS DA AMÉRICA LATINA[3]

Sistema argentino de sinais para o turismo

Em 1979, a Secretaria Nacional de Turismo da Argentina instituiu o Sistema Nacional de Sinais para o Turismo, com a finalidade de propor um sistema coerente de sinalização em destinos turísticos. A idéia básica implícita no sistema é a substituição da linguagem escrita por linguagem gráfica, eliminando textos explicativos, adotando um modelo uniforme, incluindo os sinais urbanos e utilizando cores que geralmente são usadas em nível internacional.

Manual boliviano de signos turísticos

Em agosto de 1977, foi publicado na Bolívia um manual denominado *Methodology for tourism signs* (Departamento de Planejamento, Secretaria Nacional de Turismo, Ministério de Desenvolvimento Econômico, La Paz), o qual descreve os principais modelos e funções de signos: signos gerais, signos para movimentos de pessoas ou veículos e signos de informações gerais, especialmente para serviços de saúde e comunicação. O manual declara que a Secretaria Nacional de Turismo é responsável pela aplicação da metodologia proposta em âmbito nacional. Esse método também foi aprovado em nível nacional e setorial pelo órgão responsável pela qualidade do turismo na Bolívia. Foi planejado com base nos símbolos que já haviam sido adotados e em um estudo de semiótica completo, e refere-se a instituições como o Departamento Nacional de Estradas de Rodagem, o Instituto Geográfico Militar e outras organizações. O Departamento Nacional de Estradas de Rodagem projeta sinais rodoviários de acordo com o manual Interamericano de métodos para controle do tráfego, o qual foi preparado em 1964 pela Organização dos Estados Americanos. O manual apresenta todos os dados técnicos (tamanho, cor, símbolos, características gráficas, etc.) que devem ser levados em consideração no planejamento de sinais, e define como estes devem ser montados.

Em geral, os principais assuntos e tópicos tratados nos programas de sinalização para visitante, em âmbito nacional ou territorial, são:

- Elaboração e adoção de regras e regulamentos
- Regras/regulamentos aplicáveis em todos os estabelecimentos e atividades relacionados a:

- Informação geral e segurança
- Atrativos e cultura
- Atividades de esporte e recreação
- Meios de transporte e terminais
- Equipamento turístico
- Sistema de advertência por meio de bandeiras de praia
- Sistemas de marcadores coloridos

FINANCIAMENTO DA SINALIZAÇÃO PARA VISITANTES

Os órgãos gestores nacionais de turismo não são os principais financiadores da sinalização para visitantes. As autoridades locais tendem a desempenhar um papel mais importante nesse sentido. Apenas alguns órgãos gestores de turismo possuem um orçamento específico para o planejamento e a instalação de um sistema de sinalização para visitantes[4].

Recomenda-se que os órgãos gestores de turismo não apenas possuam um orçamento para implementar a sinalização para visitante, mas também testem seu uso e auxiliem as autoridades locais a implantá-la.

Com esse objetivo, um orçamento de sinalização para visitantes deve conter itens como:

- Pesquisa e projeto de signos e símbolos (incluindo o teste destes)
- Fabricação de postes indicadores (incluindo letreiros)
- Instalação e manutenção de postes indicadores

ESFORÇO HUMANO E FINANCEIRO CONTÍNUO

A Secretaria Nacional de Turismo da Argentina fez um estudo sobre o sistema de signos turísticos nacional com a finalidade de propor um sistema coerente para os destinos turísticos. O estudo mostra que os esforços para padronizar os signos precisam ser contínuos, já que estes, inevitavelmente, evoluem com o tempo. Deve-se dedicar um orçamento para isso. O estudo abrange várias experiências de órgãos oficiais estaduais e do Automóvel Clube Argentino. Declara que, desde 1979, a Secretaria tem-se empenhado em projetar um sistema de signos coerente (the National System for Tourism Signs – Resolução nº 4 da Conferência Nacional em San Juan, ocorrida de 10 a 12 de maio de 1979) e que a aplicação deste seja proposta para a capital e em várias províncias, como Misiones, Chubut, Santa Cruz, Santiago de Estero, San Luis, Cordoba. O sistema também foi proposto para outros países da América Latina, como Brasil, Chile, Nicarágua e Venezuela.

PARCERIAS

O setor privado e suas associações estão participando e intervindo, crescentemente, no programa de sinalização turística ou para visitantes e na padronização de alguns símbolos: por exemplo, em Lesoto; Aruba (com o apoio da Associação de Turismo e Hotéis e das cadeias hoteleiras); República Tcheca (com apoio do Clube de Turismo Tcheco, Caminhos Verdes para ciclismo, e trilhas de esqui e caminhada); na Finlândia (com a Associação de Fazendas de Férias). Em Portugal, as associações profissionais são consultadas, na busca por procedimentos melhores e mais consensuais.

No entanto, mais importante é a função desempenhada pelas organizações ou associações nacionais de padrões. A Áustria, por exemplo, mencionou que acordos sobre todos os signos e símbolos turísticos de seu país (exceto aqueles padronizados por lei) devem ser feitos no Instituto Austríaco de Padrão (associação privada que tem como membros de seu Comitê Supervisor o Ministério Federal de Assuntos Econômicos e a Câmara Federal de Economia).

Nos últimos anos, os órgãos oficiais nacionais de turismo relataram ter achado necessário contribuir para um programa de sinalização para visitantes, na estrutura reguladora vigente, em parceria com:

- associações-membro da ISO, como AENOR na Espanha, AFNOR na França, BSI no Reino Unido, ANSI nos Estados Unidos da América, SAA (Padrões Australianos), SCC (Conselho de Padronização do Canadá) ou SNZ (Padrões Nova Zelândia);
- outros órgãos governamentais e organizações responsáveis por estradas de rodagem, aeroportos e demais sistemas de transporte, parques nacionais e regionais, segurança, etc.;
- autoridades do setor turístico ou da comunidade, locais ou regionais;
- associações representativas do setor de viagens.

EXEMPLOS

Diretrizes para criação de sinais turísticos: uma publicação da Comissão de Turismo do Oeste Australiano[5]

A Comissão de Turismo do Oeste Australiano é o órgão regional responsável pelo turismo na região oeste da Austrália. Em junho de 1995, a Comissão, com auxílio do órgão regional Rodovias Principais do Oeste Australiano, responsável pelo tráfego de estradas de rodagem, publicou um pequeno guia denominado *Guidelines for Tourism Signs* com intuito de:

- propiciar um melhor entendimento dos programas e padrões de sinalização existentes;
- identificar o responsável por seu fornecimento e manutenção;
- determinar o que é necessário para atender às necessidades dos visitantes;
- auxiliar aqueles interessados em chamar a atenção dos usuários da estrada, de forma segura, para atrativos turísticos ou instalações de serviços;
- tentar limitar o tamanho, o nível de poluição visual e a ineficiência causada pela implantação descontrolada e inadequada de sinais, o que origina problemas estéticos e de segurança, estimulando a implantação de sinais mais eficientes pela adoção de uma abordagem uniforme para sinalizar todo o país, etc.

Entre as principais diretrizes do programa, o documento destaca que:

- Os sinais não devem ser utilizados como meio principal de identificação. Recomenda-se o uso de estradas em boas condições e mapas turísticos como meios principais de localização de atrativos e serviços turísticos. Assim, os sinais rodoviários tornam-se um meio de reforçar sua localização precisa e garantir aos motoristas que eles estão na direção correta.
- As autoridades governamentais e os centros de informação turística locais são estimulados a desenvolver e implementar um programa de inspeção regular e sistemática e manter um inventário atualizado de sua área.

CORES

O *Western Australia Guide* lembra que:

- Sinais de regulamentação geralmente contêm um elemento em vermelho
- Sinais de advertência quase sempre são pretos sobre fundo amarelo
- Sinais de orientação são brancos sobre fundo verde
- Sinais de serviço são brancos sobre fundo azul
- Sinais turísticos são brancos sobre fundo marrom

O guia também chama atenção dos responsáveis pela implantação de postes sinalizadores turísticos para alguns tópicos importantes, fornecendo listas de:

- benefícios oferecidos pelos serviços (trilhas para pedestres e ciclovias, utilidades públicas, sinais de trânsito e de direção, estacionamento, áreas de descanso e de piquenique, postos de informação) em estradas dentro de reservas ambientais;
- benefícios ambientais oriundos de um bom gerenciamento da propaganda, como os corredores de conservação (para proteger a fauna e a flora nativas) e o realce da paisagem;
- tópicos administrativos;
- aspectos de segurança, como:
  - sinais não-autorizados podem depreciar a mensagem dos sinais legítimos;
  - sinais posicionados de forma inadequada, dificultando ou formando um panorama confuso para signos e sinais de trânsito;
  - métodos ruins de construção e escolha de materiais podem oferecer riscos a usuários de estradas e pedestres;
  - usuários de estradas podem ser distraídos pela exibição, iluminação ou posicionamento inadequado de sinais;
  - presença de muitos sinais em um mesmo local também pode ser perigosa para a segurança das estradas, pelo simples fato de transmitirem muita informação para o motorista assimilar[6].

Sobre este último tópico, o órgão Rodovias Principais do Oeste da Austrália complementou o guia com uma publicação de quatro páginas, denominada *A guide of roadside advertising*, contendo os princípios e os instrumentos para propaganda na margem de rodovias:

"A legislação, juntamente com as orientações das Rodovias Principais, é planejada para trabalhar com regulamentações do governo local, para garantir que anúncios em outdoors não interfiram na segurança de usuários de estradas e para evitar poluição visual".

Peru: Manual de sinalização turística

No Peru, em 1989, um manual de sinalização turística foi aprovado por meio de uma resolução ministerial[7] e, subseqüentemente, publicado com a finalidade de sinalização turística nos postes. Inclui os principais signos de turismo que podem ser utilizados em rodovias e centros urbanos e fornece orientação sobre o procedimento de planejamento para instalação dos símbolos. Apenas duas séries de referentes são incluídas como símbolos turísticos padronizados: para estabelecimentos de hospedagem e para restaurantes.

Além disso, o manual explica que:

- o Ministério de Transporte, Comunicação, Habitação e Construção é responsável pelos símbolos relacionados a aviação civil, rodovias e sistemas de transportes;
- o Instituto Nacional de Defesa Civil é responsável pelos símbolos associados à segurança, com referência a terremotos e outros desastres naturais;
- o Instituto Nacional de Recursos Naturais e o Instituto Nacional de Cultura adotam sinais e símbolos para o uso em áreas de patrimônio natural e cultural nacionais.

China: *Graphic signs for tourist hotels* e *Graphical symbols for use on public information signs*

A República Popular da China publicou duas brochuras com fins nacionais e internacionais sobre os temas acima, nos quais uma série de símbolos é apresentada.

A brochura intitulada *Graphic signs for tourist hotels* (LB/T001-1995) foi publicada em 1995, em chinês e inglês, e lista os signos padrões e seus pictogramas correspondentes, além de algumas explicações em chinês para a indústria. Contém dois tipos de símbolos: para serviços e características de hotéis e para informação pública geral:

A1	Táxi	ISO 7001: 1990(012)
A2	Estacionamento para bicicleta	ISO 7001: 1990(023)
A3	Lixeira	ISO 7001:1990(018)
A4	Guarda/Vigia	
A5	Chamada de emergência	
A6	Sinal de emergência	
A7	Alarme de incêndio	
A8	Extintor de incêndio	ISO 7001: 1990(014)
A9	Direção	ISO 7001: 1990(001)
A10	Entrada	ISO 7001: 1990(026)
A11	Saída	ISO 7001: 1990(027)
A12	Saída de emergência	
A13	Escadas	ISO 7001: 1990(013)
A14	Escadas para cima	
A15	Escadas para baixo	
A16	Escada rolante	
A17	Elevador	ISO 7001: 1990(021)
A18	Instalações para pessoas com deficiência	
A19	Sanitário	ISO 7001: 1990(006)
A20	Sanitário masculino; homem	
A21	Banheiro feminino; mulher	
A22	Armário para homens	
A23	Armário para mulheres	
A24	Água potável	
A25	Caixa de correio	
A26	Serviço postal	
A27	Telefone	ISO 7001: 1990(008)
A28	Check-in; recepção	
A29	Informação	
A30	Câmbio	ISO 7001: 1990(020)

A31	Caixa	
A32	Achados e perdidos	ISO 7001: 1990(049)
A33	Guarda-volumes	ISO 7001: 1990(028)
A34	Carrinho de bagagem	
A35	Lavanderia	
A36	Secagem de roupa	
A37	Serviço de passar roupa	
A38	Barbeiro	
A39	Restaurante	ISO 7001: 1990(031)
A40	Restaurante chinês	
A41	Lanchonete	
A42	Bar	
A43	Café	
A44	Flores	
A45	Livros e jornais	
A46	Sala de conferência	
A47	Danceteria	
A48	Karaokê	
A49	Cinema	
A50	Sauna	
A51	Massagem	
A52	Piscina	
A53	Xadrez e baralho	
A54	Tênis de mesa	
A55	Bilhar	
A56	Boliche	
A57	Golfe	
A58	Squash/Racquet ball*	
A59	Tênis	
A60	Ginásio esportivo	
A61	Atividades esportivas	ISO 7001: 1990(029)
A62	Silêncio	
A63	Permitido fumar	ISO 7001: 1990(002)
A64	Proibido fumar	

Comentário: Vários símbolos estão de acordo com os padrões ISO (Padrões ISO 7001).

A brochura intitulada *Graphical symbols for use on public information signs* (GB 10001-94) apresenta 79 signos que são utilizados como símbolos padronizados na China. Muitos desses símbolos são encontrados no documento anterior (*Graphic signs for tourist hotels*).

* N.T.: Espécie de jogo de tênis praticado em recinto fechado

França: Guia sobre sinalização turística "Um guia para seu uso"[8]

O Ministério Francês de Turismo e o Ministério de Infra-estrutura, Habitação e Transportes publicaram, em 1992, um guia sobre sinalização turística e para visitantes (*Signalétique*). A característica principal dessa publicação é uma lista de todos os recursos disponíveis para sinais e anúncios rodoviários, com a finalidade de proteger o patrimônio natural e cultural, assim como garantir a segurança nas rodovias.

A publicação é voltada para "aqueles que tomam decisões em várias áreas do turismo ... e que estão interessados na melhoria do serviço histórico e natural e do potencial de lazer de nosso país."

"Com a assistência de técnicos e especialistas, estarão aptos a organizar as informações rodoviárias para satisfazer os visitantes e desenvolver um objetivo comum e uma sinergia entre habitantes e grupos socais e profissionais, para intensificar o valor de nossa diversidade."

O guia explica que, quaisquer que sejam os desafios, o programa de comunicação turística deve ser baseado em dois veículos:

1. Promoção: seu papel é criar uma motivação, estabelecer ou desenvolver uma atividade turística e estimular, e então dkrecionar, o desejo de viajar e descobrir. A sinalização é um de seus instrumentos.
2. Comunicação rodoviária: sua função, uma vez que o interesse tenha sido estimulado, é tornar todos aptos a alcançar o destino desejado de forma simples e agradável.

O programa de comunicação baseia-se em vários textos reguladores, sendo os principais referentes à ordem ministerial, retificada em 24 de novembro de 1967, sobre os sinais rodoviários e a instrução interministerial sobre estes.

COMPONENTES DA SINALIZAÇÃO RODOVIÁRIA FRANCESA

1. Indicadores de direção
2. Sinais informativos
3. Indicadores de localização
4. Sinais que indicam entrada e saída de áreas construídas
5. Centrais ou postos de informação
6. Sinais de informação cultural e turística
7. Sinais que indicam áreas de recreação em rodovias
8. Sinais de rotas turísticas
9. Ideogramas (símbolos)

Fonte: Signalisation touristique: Guide, Paris, mars 1992

O guia também oferece indicações precisas sobre as condições para uso de sinalização rodoviária, seu emprego em planos de desenvolvimento de sinalização (em planos de desenvolvimento regional e urbano), as regras para o uso de certos tipos de sinais de entrada da União Européia para regiões ou departamentos administrativos e sinais representando os limites urbanos.

Os planos para desenvolvimento de sinalização são, atualmente, instrumentos indispensáveis para o planejamento e desenvolvimento regional e urbano. Eles respondem à questão: o que deve ser sinalizado?, devendo ser estudados de maneira global e não de acordo com necessidades imediatas.

O guia descreve em particular as centrais ou postos de informação (RIS – Rede de Postos de Informação). Estas são pequenas instalações, algumas vezes uma edificação, margeando a rodovia ou rota turística, que fornecem sinais explicativos claros e, freqüentemente, sanitários. Um guia com essa finalidade foi publicado em janeiro de 1985[9]. Foi produzido para satisfazer certas necessidades turísticas, como:

- recepção em uma área geográfica;
- informação sobre uma zona turística;
- informação sobre termos genéricos;
- informação indicando uma alteração na rodovia principal ou nas áreas construídas;
- informação sobre meios de hospedagem;
- informação sobre rotas turísticas;
- informação relativa a personalidades famosas;
- informação sobre produtos regionais.

Finalmente, o guia apresenta princípios gerais sobre anúncios ao ar livre em áreas turísticas (tapume, letreiros, anúncios no nível do solo, anúncios luminosos, postes indicadores de itinerários de tamanho pequeno e equipamento de rua). Aconselha parceiros locais, anunciantes e companhias de propaganda por cartaz a incorporar os sinais na paisagem, de modo que não prejudiquem a qualidade estética (controle da poluição visual).

Sistema espanhol de sinalização turística

O sistema constitucional espanhol concedeu as principais competências relacionadas ao turismo para as comunidades autônomas, exceto pelas questões nacionais. Foi estabelecida uma cooperação interministerial entre a Secretaria de Estado para o Comércio, Turismo e SME do Ministério de Economia e Finanças e a Secretaria de Estado de Infra-estrutura e Transporte do Ministério de Desenvolvimento, a fim de abrir caminho para harmonização da sinalização para visitantes em âmbito nacional.

Foi assinado um acordo entre ambos os órgãos, em 19 de setembro de 1998, com a finalidade de estabelecer um sistema de sinalização para visitantes visando informar os usuários de estradas e rodovias nacionais que levam a importantes destinos turísticos. Além disso, a modernização da sinalização para visitantes objetivava estimular a adoção de um sistema que fosse aceito pelas comunidades autônomas. Dentre as ações contempladas no acordo, há três objetivos principais:

1. Seleção de destinos turísticos especialmente importantes ("superdestinos"): até junho de 1999, foram determinados 318 destinos considerados importantes para sinalização.
2. Endosso de um método de projeto de acordo com os procedimentos normais na área de sinalização rodoviária, como para dimensões, cor, reflexo, representação gráfica, fonte de letra, localização geral, etc., com desenhos correspondentes a três categorias nas quais os destinos turísticos foram agrupados em um primeiro estágio: natural, artístico-cultural, sol e praia e destinos turísticos especiais em um segundo estágio.
3. Preparação de padrões de sinalização rodoviária para um sistema de informação turístico aceito, no qual os critérios foram estabelecidos para a localização de postes indicadores, materiais a serem utilizados, instalação e construção, etc. Esses critérios devem assegurar uma percepção correta da mensagem dentro dos parâmetros de garantia de qualidade e segurança de estradas, anulação de interferência com outros sinais e símbolos, manutenção e conservação, etc.

Na estrutura do sistema espanhol aprovado de sinalização turística (SISTHO), é dada a possibilidade de sinalizar outros destinos turísticos de difícil classificação, porém de importância crescente, como rotas turísticas, atividades esportivas (estações de esqui, marinas, campos de golfe, windsurfe, pistas para corridas motorizadas, aviação esportiva, trilhas de equitação, etc.) e parques temáticos.

Um dos problemas mais difíceis do sistema foi determinar como qualificar os destinos turísticos interessantes para serem sinalizados. Quatro guias turísticos bem conhecidos, "Anaya", "Michelin", "Spain under the Sun" e "El Pais" são utilizados para a avaliação da localidade turística. Os destinos têm sido avaliados como um todo e não tanto por seus atrativos isoladamente. Um catálogo de sinais e símbolos turísticos endossados (CATHO) foi implementado durante o ano 2000 pela Diretoria Geral de Estradas e Rodovias.

Palavra-chave:
CULTURA

Palavra-chave:
NATUREZA

Palavras-chave:
SOL e PRAIA

Fonte: Ministério do Fomento e da Globalização, Madri, 1999, Pictograma-C.
(Ver Prancha Colorida)

Tipo de símbolo: Sinais de orientação rodoviária
Cor de fundo: Marrom (de acordo com as normas da União Européia – UE)
Composição: Matriz tipo S-224 incluindo pictograma
Pictogramas: Policrômico (percepção de melhor qualidade)

Reino Unido: símbolos para guias turísticos, mapas e recreação na zona rural[10]

Esta publicação, revisada e atualizada pela última vez em 1993, foi planejada para o uso por editores de guias de viagem, mapas e outras publicações destinadas a fornecer informações a turistas. Após uma apresentação, a publicação, em seus diversos capítulos:

- Fornece exemplos de símbolos comumente utilizados;
- Ilustra símbolos que podem ser utilizados na preparação de publicações turísticas e guias de hospedagem;
- Ilustra alguns símbolos adicionais para uso especializado;
- Ilustra símbolos voltados para pessoas com deficiências;
- Contém símbolos específicos para uso na zona rural;
- Contém símbolos para postes indicadores de atrativos turísticos em estradas de rodagem.

As organizações responsáveis por essa publicação mantêm o comitê funcionando com patrocínio da Organização Internacional para Padronização (ISO), a fim de padronizar símbolos de informação pública e com os esforços realizados pela União Européia e seus órgãos comerciais para introduzir uma maior harmonização dos símbolos. A brochura encontra-se disponível no formato DTP, para facilitar a reimpressão dos símbolos. Cerca de 500 símbolos são ilustrados na publicação.

Todos os símbolos são exibidos em ordem alfabética e classificados em seis categorias apropriadas para seu uso em guias de viagem comerciais ou locais:

- Áreas para *camping* e permanência de *trailers*;
- Acampamentos, chalés, etc.;
- Acomodação com serviços;
- Acomodação *self-service*;
- Instalações recreativas e esportivas;
- Instalações turísticas;
- Adequado para mapas e diagramas.

Com relação às variantes, os editores podem querer utilizar um símbolo para assuntos relacionados, porém diferenciados (o teor exato utilizado pode até mesmo ser modificado para propósitos específicos). A publicação propõe referentes para símbolos e não impede variantes gráficas. Também é possível utilizar símbolos em ângulos diferentes.

CONDIÇÃO CONFIRMADA DO USO DE ALGUNS SIGNOS E SÍMBOLOS (DE ACORDO COM DADOS DO LEVANTAMENTO DE 1998 DA OMT)

Símbolos de Segurança

Os países e territórios[11] mencionados a seguir relatam a existência de símbolos de segurança padronizados para seu uso interno. No entanto, tais símbolos, entre os primeiros sujeitos a padronização em âmbito nacional, parecem não serem sempre harmonizados em nível internacional.

Saída de incêndio – Lesoto, Marrocos; Argentina, Aruba, Bolívia, Equador, México; Macau; Áustria, Chipre, República Tcheca, Finlândia, Israel, Itália, Portugal, Romênia, Eslováquia, Macedônia; Turquia, Jordânia.

Incêndio – Lesoto, Marrocos; Argentina, Aruba, Bolívia; Áustria, Chipre, República Tcheca, Finlândia, Israel, Itália, Portugal, Romênia, Eslováquia, Macedônia; Turquia, Jordânia.

Saída de emergência – Maláui, Marrocos; Argentina, Aruba, Bolívia, Equador; Macau; Áustria, República Tcheca, Finlândia, Israel, Itália, Portugal, Romênia, Eslováquia, Macedônia; Turquia, Jordânia; Sri Lanka.

Iluminação de emergência – Lesoto, Maláui, Marrocos; Argentina, Aruba, Macau; Áustria, Chipre, República Tcheca, Finlândia, Israel, Itália, Portugal, Romênia, Eslovênia, Macedônia; Turquia, Jordânia.

Primeiros socorros – Lesoto, Marrocos; Argentina, Aruba, Bolívia, México, Macau; Áustria, Chipre, República Tcheca, Finlândia, Israel, Itália, Portugal, Romênia, Eslováquia, Macedônia; Turquia, Jordânia; Sri Lanka.

Postos de primeiros socorros – Marrocos; Argentina, Bolívia, Equador; Macau; Áustria, Chipre, Israel, Itália, Portugal, Eslováquia, Macedônia; Turquia, Jordânia; Sri Lanka.

Salva-vidas (em barcos) – Marrocos; Argentina, Equador; Chipre, República Tcheca, Finlândia, Israel, Itália, Portugal, Romênia, Eslováquia; Jordânia.

Macas: Maláui, Marrocos; Argentina; Macau; República Tcheca, Itália, Portugal, Romênia.

É confirmada a existência do símbolo de extintor de incêndio no México.

É confirmada a existência do símbolo de lanterna em barcos na Finlândia.

Símbolos para Pessoas Portadoras de Deficiências

O levantamento realizado pela OMT em 1998 identificou os países e territórios que padronizaram o uso de sinais e símbolos para indicar a condição de instalações e serviços com relação ao seu uso por pessoas portadoras de deficiências. O Anexo 5 apresenta exemplos de tais símbolos e suas variantes.

Entradas, ambientes internos e salas acessíveis para usuários de cadeiras de rodas – Lesoto; Argentina, México; Macau; Chipre, República Tcheca, Finlândia, Israel, Itália, Portugal, Romênia, Eslováquia, Macedônia; Turquia; Jordânia.

Elevadores acessíveis – Lesoto, Maláui, África do Sul, Argentina, Aruba; China, Laos, Macau; Áustria, Chipre, República Tcheca, Finlândia (parcial), Israel, Itália, Portugal, Romênia, Eslováquia, Macedônia; Turquia; Iraque, Jordânia; Maldivas, Sri Lanka.

Sanitários/banheiros amplos ou adequados – Lesoto, Maláui, África do Sul; Argentina, Aruba, México; China, Laos, Macau; Áustria,

Chipre, República Tcheca, Finlândia, Israel, Itália, Portugal, Romênia, Eslováquia, Macedônia; Turquia; Iraque, Jordânia; Maldivas, Sri Lanka.

Telefones acessíveis – Lesoto, Maláui, África do Sul; Argentina, Aruba; China, Laos, Macau; Áustria, Chipre, República Tcheca, Finlândia, Israel, Itália, Portugal, Romênia, Eslováquia, Macedônia; Turquia; Iraque, Jordânia; Maldivas, Sri Lanka.

Sistemas de toque (braile) – Lesoto.

Rampas – Argentina, Equador, México; Macau; Chipre, República Tcheca, Finlândia, Portugal, Romênia, Eslováquia, Turquia; Jordânia.

Vaga de estacionamento para pessoas com mobilidade limitada – Lesoto; Argentina, México; Macau; Chipre, República Tcheca, Finlândia, Portugal, Romênia, Eslováquia; Turquia; Jordânia.

Código de Cores para Bandeiras de Advertência na Praia

Com relação à segurança em praias, a qual é considerada de importância vital no turismo de lazer, a Federação Internacional de Operadoras de Turismo (IFTO) tomou a iniciativa, no início de 1997, de coletar informações sobre o uso de bandeiras de advertências em praias de diferentes países. A OMT e a APEC também indagaram os países e territórios sobre as cores utilizadas para indicar a condição da água para banho (segurança na praia).

Os resultados do levantamento da IFTO foram os seguintes:

- África do Sul: verde para seguro, amarelo para cuidado, vermelho para perigo.
- Anguilla: sem sistema de bandeira de advertência.
- Antígua e Barbuda: sem sistema de bandeira de advertência.
- Austrália (Queensland): verde para seguro, amarelo para cuidado, vermelho para perigo.
- Barbados: verde para seguro, amarelo para cuidado, vermelho para perigo.
- Canadá: sem sistema de bandeira de advertência.
- Chipre: vermelho para perigo.

- Cingapura: sem sistema de bandeira de advertência.
- Dubai: branco para seguro, vermelho para perigo.
- Espanha: verde para seguro, amarelo para cuidado, vermelho para perigo.
- Filipinas: sem sistema de bandeira de advertência.
- Flórida: sem bandeira para seguro, amarelo para cuidado, vermelho para perigo.
- França: verde para seguro, alaranjado para cuidado, vermelho para perigo.
- Gâmbia: branco para seguro, vermelho para perigo.
- Gibraltar: verde para seguro, amarelo para cuidado, vermelho para perigo.
- Granada: sem sistema de bandeira de advertência.
- Hong Kong: vermelho/amarelo indica a presença de salva-vidas, vermelho indica perigo, azul sobre branco indica registro de tubarão nas proximidades.
- Ilhas Cayman: sem sistema de bandeira de advertência.
- Ilhas Jersey: vermelho/amarelo para seguro, vermelho para perigo.
- Ilhas Maurício: sem sistema de bandeira de advertência.
- Índia – Goa: verde para seguro, vermelho para cuidado, preto para perigo.
- Irlanda: vermelho sobre amarelo para seguro, vermelho para perigo.
- Itália: sem bandeira para seguro, amarelo para cuidado, preto para perigo.
- Malta: sem sistema de bandeira de advertência.
- Marrocos: branco para seguro, alaranjado para cuidado, vermelho para perigo.
- Mônaco: verde para seguro, alaranjado para cuidado, vermelho para perigo.
- Portugal: verde para seguro, amarelo para cuidado, vermelho para perigo.
- Reino Unido: verde para seguro, alaranjado para cuidado, vermelho para perigo.
- São Cristóvão: sem sistema de bandeira de advertência.
- São Vicente e Granadinas: sem sistema de bandeira de advertência.
- Seychelles: vermelho/amarelo para seguro e cuidado, vermelho para perigo.

- Tunísia: branco para seguro, alaranjado para cuidado, vermelho para perigo.

Para complementar essa informação, o levantamento da OMT identificou os seguintes usos de cores:

(a) Para banhos seguros
- branco em Marrocos, México, Israel, Eslováquia
- azul-claro na Argentina
- verde em Macau, Chipre, Finlândia, Portugal, Sri Lanka

(b) Para banhos com cautela
- vermelho em Marrocos, Israel, Romênia
- amarelo/preto na Argentina
- amarelo no Equador, México, Macau, Chipre, Finlândia, Portugal, Eslováquia
- sem bandeira no Sri Lanka

(c) Para perigo, banhos proibidos
- preto no Marrocos, Israel, Romênia, Eslováquia
- vermelho e preto na Argentina
- vermelho no Equador, México, Macau, Chipre, Finlândia, Itália, Portugal, Sri Lanka

Além disso, a APEC forneceu os seguintes dados sobre o uso do sistema de bandeira de advertência em praias entre seus países membros:

Austrália:	amarelo ou vermelho para "cuidado" e vermelho para "proibido nadar"
Canadá:	sem código de cores
Chile:	verde para "seguro"
Taiwan:	verde para "seguro", amarelo para "cuidado" e vermelho para "proibido nadar"
Nova Zelândia:	bandeiras amarelas e vermelhas são utilizadas para indicar área patrulhada por salva-vidas. Os nadadores são aconselhados a nadar entre tais bandeiras. A ausência de bandeiras na praia significa que esta não é patrulhada.
Tailândia:	verde para "seguro" e vermelho para "proibido nadar".

Conclusão: Como enfatizado pela IFTO, essa variação de cores é, "na melhor das hipóteses, confusa, e na pior, perigosa", considerando o fato de que os turistas em viagens de lazer internacionais passam de um país para outro e defrontam-se com diferentes cores de advertência. Esse assunto é, portanto, um claro exemplo das áreas nas quais a padronização internacional deveria ser considerada urgente.

Logos, Postes Indicadores e Marcadores para Rotas e Trilhas Turísticas

As rotas (estradas, itinerários, etc.) e trilhas (caminhos, trilhos, trajetos, etc.) turísticas associadas com recreação e atividades esportivas ao ar livre (por exemplo, escalada, caminhada, *hiking, trekking,* ciclismo, canoagem, esqui, etc.) tornaram-se importantes atrativos turísticos e, por uma questão de necessidade, demandam o uso inteligente de logos, postes indicadores e marcadores (este último, especialmente por meio de cores).

São necessários por vários motivos: para informação geral sobre as rotas e trilhas existentes; para fornecer, promover e reforçar sua visibilidade e imagem; para facilitar o fluxo dos visitantes; para fornecer segurança e conforto aos usuários; para proteger o ambiente natural e, no caso de exploração comercial, onde adequado, para equipar seus operadores com meios de facilitar a propaganda e o marketing.

A padronização do logo é necessária para rotas turísticas, tanto em âmbito nacional quanto internacional (quando tais rotas cruzam vários países). Enquanto haverá diferentes logos para diferentes rotas, cada um expressando seu próprio idioma, o modo como eles são representados ou publicados, entretanto, deve ser submetido à padronização internacional.

A indicação de trilhas para atividades ao ar livre é parcialmente coberta pelos símbolos gráficos existentes padronizados pela ISO (consultar Capítulo 3) e parece não haver padronização internacional para marcações. Isto deve ser seriamente considerado, principalmente por questão de segurança.

De acordo com o levantamento da OMT, as autoridades e outros órgãos competentes para a denominação, marcação, desenvolvimento e manutenção de rotas e trilhas, nas quais deve-se lidar com logos, postes indicadores e marcações, variam amplamente de um país ou território para outro. Podem incluir a NTA ou o ministério responsável pelo turismo (uma situação pouco comum) e freqüentemente outro departamento governamental (por exemplo, o Ministério de Transporte ou Obras Públicas, especialmente se forem responsáveis pelas estradas de rodagem), uma associação nacional (como uma federação de esportes para trabalhar com trilhas de caminhada e esqui) ou órgãos estaduais ou municipais, como prefeituras ou conselho municipal. Em alguns países, os proprietários de terra podem ser considerados responsáveis pela instalação de postes sinalizadores e marcações[12].

Embora, como regra, os recursos financeiros públicos sejam utilizados para designação de logo, postes indicativos e marcação, também podem ser utilizados recursos financeiros privados e trabalho voluntário. Um exemplo do último é o trabalho realizado pela Federação Francesa de Hikers[13] que projetou, marcou e organizou cerca de 40.000km de trilhas para *hiking*, geralmente com o auxílio de voluntários e sem utilizar qualquer recurso oficial.

Cores Geralmente Utilizadas para Indicação de Trilhas, em Atividades ao Ar Livre

Para todas as atividades de esqui e trilhas de *trekking*, assim como de escalada, geralmente se utilizam as seguintes cores e sinais (Ver Prancha Colorida):[14]

Verde para Fácil e Seguro

Amarelo ou Alaranjado para Dificuldade Moderada

Vermelho para Muito Difícil

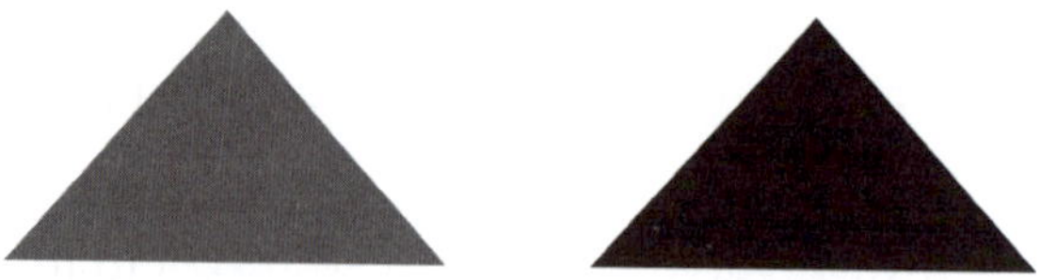

Vermelho e Preto para Perigo[15]

Conceitos desenvolvidos pela França para rotas e trilhas

Pesquisas sobre rotas e trilhas têm sido realizadas na França há cerca de 20 anos. As rotas turísticas se estendem de um lugar para outro passando por vários pontos de interesse, são abertas aos visitantes e possuem um itinerário atrativo[16]. Uma abordagem abrangente é importante para o desenvolvimento de postes indicadores de qualidade e para organizar e classificar itinerários, apresentar documentos eficientes sobre "métodos de uso" e garantir marcação de qualidade com auxílio do RIS (rede de postos de informação). Toda rota turística deve ser submetida para estudo por uma comissão local ou regional.

Além disso, a promoção cultural e turística nas rodovias baseia-se em símbolos gráficos e temáticos que visam quebrar a monotonia de dirigir nas rodovias e proporcionar ao motorista uma noção da posição em que está, designando indicações de locais próximos e recursos culturais, turísticos e econômicos da área, além de indicar quaisquer monumentos e locais interessantes que podem ser visitados e se localizam próximos à rodovia principal.

Exemplos de Rotas e Trilhas Existentes[17]

África

- Maláui: Rotas de navegação no Lago Maláui.
- Marrocos: "Crossing the High Atlas" (Cruzando o Alto Atlas), "Imperial Town Circuit" (Circuito da Cidade Imperial), "Fortified Monuments" (Circuito dos Monumentos Fortificados).
- África do Sul: "Midlands Meander" (Meandros do Interior), "Wine Route" (Rota do Vinho), "Kwazulu Natal" e "Western Cape" (Cabo Ocidental).

Américas

- Bolívia: circuitos de *trekking* utilizando as rotas pré-hispânicas como, Takesi, Choro, Yunga Cruz, Rota do Ouro.
- México: "Mundo Maya" (Mundo Maia), cidades coloniais, "Barrancas del Cobre" e a rota utilizada por Herman Cortés.

Europa

- Finlândia: "King's Road" (Estrada do Rei), "Häme Ox Road" (Estrada Häme Ox).
- Geórgia: "Silk Road" (Rota da Seda) (rota internacional).
- Israel: grande travessia de Israel, circuitos naturais regionais, "Via Maris" (a idéia é restaurar uma antiga rota que ia do Egito à Turquia, através de Israel).
- Itália: circuitos arqueológicos.
- Polônia: registra 24.643km de trilhas para *hiking*, 9.980km de trilhas nas montanhas, 324km de rotas de esqui. A "The International Cycling Route" (Rota Internacional de Ciclismo) e centenas de quilômetros de trilhas de ciclismo foram marcadas no país. Também há trilhas marcadas nas regiões de Sudety, Tatra, Beskidy, Bieszczady e nas Montanhas Gory Swietokrzyskie, além de dois circuitos de canoagem nos rios Brda e Krutyn.
- República Tcheca: rota de ciclismo de Praga à Viena (rota verde).

Sistemas de Marcadores Coloridos para Rotas e Trilhas Turísticas

Os sistemas de marcadores utilizados para rotas e trilhas turísticas identificados geralmente são feitos com faixas e setas coloridas, por exemplo:

- setas marrons no Lesoto
- linhas azuis em Maláui
- faixas e setas pintadas de cor fluorescente no Marrocos
- verde para estradas de rodagem, azul para ciclovias e trilhas para caminhada em Chipre
- símbolos e sinais marrons na Finlândia
- marcadores e pictogramas coloridos no início de caminhos em Israel
- branco e verde na República Tcheca
- vermelho e azul na Romênia
- marcadores coloridos no verão e estacas no inverno, na Eslováquia

Na Argentina, as cores variam de acordo com o tipo de ambiente; se urbano, rural, fechado ou ao ar livre.

Sinalização para visitantes e o uso do código de barras

O código de barras[18] pode ter se originado do código Morse, inventado no século XIX. Embora a relação entre o código de barras e o turismo não seja evidente, este assunto deve ser examinado cuidadosamente em vista das novas tecnologias de informação que interferem no campo do turismo. Em essência, os códigos de barra são símbolos gráficos, porém lidos por máquinas (scanners). Na sua forma mais comum, os códigos de barras lineares formam uma série alternada de barras escuras e claras, de várias larguras, que refletem luz dentro de uma tolerância de reflexão aceitável, conforme prescrito nas especificações. Os símbolos mais lineares são bidirecionais, isto é, o portador de dados pode ser lido da esquerda para a direita e da direita para a esquerda.

Os códigos de barras são utilizados, crescentemente, para trocar informação sobre características de produtos e serviços, melhorar a precisão e a eficiência de arquivamento e identificação por leitura eletrônica[19] rápida. O código de barras é utilizado para identificação de bagagem em aeroportos ou para permitir que o visitante, com ingresso, entre em uma determinada área de exibição, em museus ou parques temáticos, etc. Em um futuro próximo, o código de barras provavelmente será empregado em sistemas eletrônicos de direção para posicionar a localização do motorista em relação a um destino, local ou atrativo específico.

9 771561 400004 10

Notas

1 Por exemplo, na Argentina os sinais turísticos estão incluídos na Lei Nacional de Trânsito que é aplicável para todos os setores, e seu "Sistema Nacional para sinalização turística" inclui símbolos gráficos para estradas de rodagem, pontos de parada de transportes públicos e locais urbanos como parte integrante de um sistema de informação para residentes e turistas.

2 A experiência (refletida no levantamento de 1997-1998) sugere que apenas poucos países e territórios apresentam regulamentos em âmbito regional ou local. Seis países responderam de modo afirmativo: Equador, Finlândia, Macedônia, Lesoto, México e Turquia.

3 O Peru também publicou um manual sobre sinalização turística. Foi aprovado pela Resolução Ministerial nº 288-86-ITI/TUR (Ministério da Indústria, Comércio Exterior, Turismo e Integração, 2ª edição, 1991) e abrange o planejamento da sinalização e os principais sinais turísticos em rodovias e centros urbanos. Esse caso é apresentado posteriormente.

4 O Marrocos declara ter gasto o equivalente a US$ 100.000 em 1997. O Sistema de Sinalização para Visitantes da Jordânia foi desenvolvido com a assistência de USAID por uma quantia de US$ 125.000.

5 Comissão de Turismo do Oeste da Austrália, junho de 1995.

6 No atual *Guidelines for Tourism Signs* os tipos de sinais são definidos como:
Sinais de serviços turísticos que abrangem áreas como:
- equipamentos de hospedagem
- postos de serviços
- centros de cidades
- centros industriais e comerciais
- jurisdição esportiva
- postos de informação turística
- centrais de informação turística
- aeroportos

Sinais de atrativos turísticos:
- parques nacionais
- características nacionais
- operações turísticas comerciais
- vinícolas que proporcionam serviços para turistas
- locais e cidades históricas
- mirantes
- trilhas históricas

Sinais de destinos (esses sinais geralmente são utilizados em associação com mapas e considerados instrumentos de reforço, reassegurando a direção seguida pelos motoristas):
- sinais de advertência antecipada
- sinais de cruzamento
- sinais de teclado
- sinais de posicionamento
- sinais marcadores de rota (utilizado para Estradas Turísticas Nacionais)

7 Nº 288-86-ITI/TUR, Ministry of Industry, Trade, Tourism and Integration, 2nd edition, 1991.

8 Ministère du tourisme et Ministère de l'Equipement, du Logement et des Transports, Signalisation touristique: Guide, Direction des Journaux officiels, Paris, mars 1992. Além disso, em 1993, o Ministério Francês de Turismo propôs um mapa gráfico para infor-

mação, em vários idiomas, sobre sinais rodoviários relativo aos patrimônios natural e cultural francês, especialmente para turismos rural e ecológico. Esse mapa gráfico delineia as dimensões, especificações de produção, cores e *layout* de informações importantes para visitantes em francês e em três outros idiomas.

[9] "Guide relatif aux relais d'information service", *Journal Officiel*, Paris, janvier 1985.

[10] Publicado pela Autoridade Britânica de Turismo em associação com: Câmara de Turismo Inglesa, Câmara de Turismo Escocesa, Câmara de Turismo de Gales, Câmara de Turismo da Irlanda do Norte, Comissão da Zona Rural.

[11] A ordem na qual os países e territórios são classificados acompanha a separação regional feita pela OMT (África, Américas, Ásia e o Pacífico, Europa, Oriente Médio, Sudeste Asiático). A lista não é completa e sim apenas uma amostra derivada dos dados do levantamento de 1998 da OMT.

[12] Alguns exemplos de responsabilidade de postes indicadores e marcadores de acordo com o levantamento da OMT: em Maláui, a Companhia de Serviço de Lagos de Maláui; na República Tcheca, o Clube Tcheco de Turismo; na Finlândia, as associações locais de turismo; em Israel, a Sociedade de Proteção da Natureza; na Itália, os proprietários de terra ou empresas concessionárias com relação a rotas e trilhas; na Eslováquia, a Associação Eslovaca Esportiva e o Clube de Turismo Eslovaco.

[13] Em Francês, Fédération Française de Randonnée Pédestre (FFRP).

[14] Em alguns países como a Malásia, a cor azul é empregada para muito difícil; na Nova Zelândia, um diamante preto duplo é utilizado para muito difícil, um diamante preto simples para difícil, um quadrado azul para moderado e um círculo verde para fácil.

[15] Às vezes, significa que se pede que o usuário, antes de esquiar, escalar ou passear, se reporte aos guardas em patrulha.

[16] *Guide Signalétique Touristique*, France, idem.

[17] No levantamento da OMT, alguns países (por exemplo, Lesoto, Argentina, China, Macau, Chipre, Eslováquia) indicavam apresentar rotas e trilhas, porém não havia como identificá-las. No todo, é aconselhável equipar rotas e trilhas com identidade específica utilizando um nome e/ou um símbolo gráfico (logo) ou ambos.

[18] A primeira patente de código de barras foi registrada em 1952 como uma portadora de dados para comércio e fabricação.

[19] "Quando padronizada, esta habilidade global pode capacitar parceiros internacionais, projetar custos como classificar e controle excessivo do inventário do que forma a cadeia de fornecimento, aumentar a resposta à demanda dos clientes e acelerar entrega do produto por meio da cadeia." ISO Bulletin, How bar codes perform: A global primer, August 1997, p. 11.

CAPÍTULO 2

Cooperação Internacional sobre Sinalização Pública e Turística

A cooperação internacional sobre signos e símbolos de transportes de interesse turístico começou antes mesmo da Primeira Guerra Mundial. Tal cooperação ainda é necessária, talvez mais do que no passado, em razão do constante crescimento do movimento de pessoas de diferentes culturas e sociedades, proliferação de rotas turísticas, competição baseada na identidade da corporação, etc. Nos últimos cinqüenta anos, surgiram duas tendências consecutivas:

- Países e territórios vêm acompanhando as convenções internacionais, acordos[1] sub-regionais ou bilaterais para colocar nos lugares símbolos de informação pública ou mesmo instrumentos de acordo com profissionais ou associações comerciais (por exemplo, no setor hoteleiro[2]). Em 1949, a Convenção sobre Trânsito Rodoviário e o Protocolo sobre Signos e Sinais Rodoviários foram adotados. Sua revisão foi feita pelo Conselho Econômico e Social das Nações Unidas (ECOSOC) por meio de suas resoluções 967 (XXXVI) de 25 de julho de 1963, 1034 (XXXVII) de 14 de agosto de 1964 e 1082B (XXXIX) de julho de 1965. Como medida seguinte, a Convenção de Signos e Sinais Rodoviários foi adotada em Viena, em 1968.

- Recentemente, países, territórios, setores de indústrias ou companhias são mais perspicazes para reverter o processo de adoção de símbolos e padrões seguindo os procedimentos recomendados pela Organização Internacional para Padronização (ISO) por meio de órgãos nacionais e comitês técnicos de padronização. Essa tendência é mantida por agências internacionais, como ICAO, IMO, UIC e finalmente OMT, e caracteriza-se por parcerias entre os setores público e privado.

O principal instrumento internacional de interesse para o turismo ainda é a Convenção de Signos e Sinais Rodoviários (Viena, 1968). Esforços de organizações internacionais visaram harmonizar e padronizar a sinalização para visitantes que precisava ser mantida[3].

A ação atual da OMT segue nessa tendência e prepara uma série de recomendações específicas, avaliando (estimando) a situação preponderante e as melhores práticas nessa área.

PRINCIPAIS INSTRUMENTOS INTERNACIONAIS DE SINALIZAÇÃO PARA VISITANTES

Convenção de Signos e Sinais Rodoviários

A Conferência das Nações Unidas sobre Tráfego Rodoviário foi convocada em Viena a convite do Governo da Áustria pelo Secretário-geral das Nações Unidas, de acordo com as resoluções 1129 (XLI) e 1203 (LII), adotadas pelo Conselho Econômico e Social de 27 de julho de 1966 e 26 de maio de 1967.

O Ato Final da Conferência de Viena contém a Resolução 1129 (XLI) do Conselho Econômico e Social com relação à Convenção de Tráfego Rodoviário e a Convenção de Signos e Sinais Rodoviários. Este último é o primeiro instrumento completo para padronização de signos e sinais que apresentam relação direta ou indireta com turismo. Ambas as convenções foram adotadas em 8 de novembro de 1968.

A Convenção de Signos e Sinais Rodoviários foi revisada em 1995, dando instruções especiais para signos e sinais de instalações de serviços (E/Conf.56/17/Rev.1/Amend.1)[4].

Entretanto, o Acordo Europeu de 1971, que complementou a Convenção, contém cláusulas sobre os sinais que indicam atrativos turísticos e aqueles que fornecem direção (para turismo)[5].

A lista de 113 signos e sinais, agregada pela Convenção, encontra-se no Anexo 2 desta publicação (*The standardized signs of the Convention on Road Signs and Signals*, Vienna, 1968).

Principais Recomendações da Convenção Específicas para o Turismo

Cinco recomendações foram propostas para a instalação e a identificação de signos turísticos:

"1. Impedir a multiplicação de sinais de turismo proibindo sua instalação a menos que sejam indiscutivelmente úteis a fim de evitar desvalorizá-los e, especialmente, para impedir a distração da atenção de usuários de estradas de rodagem pela colocação excessiva de postes indicadores, já que sua atenção deve se focar, sobretudo, em sinais importantes para indicar seu itinerário e garantir a segurança do tráfego.

2. Não instalar sinais onde já existe uma quantidade de sinais fornecendo instruções ou indicações de importância especial para a segurança do tráfego, para garantir que os usuários dêem prioridade às instruções ou indicações para sua segurança ou para esclarecer os itinerários.

3. Apenas instale sinais turísticos a uma distância razoavelmente próxima aos locais ou centros que devem ser indicados, a fim de evitar a vulgarização e a proliferação de sinais que não são importantes para a escolha do itinerário.

4. Fazer uma clara diferenciação entre os sinais turísticos e outros tipos ou os sinais rodoviários, mantendo-os nas formas quadradas ou retangulares ou na forma de uma seta e colorindo-os, onde possível, com marrom ou branco ou uma associação dessas duas cores, garantindo que os sinais turísticos abarcados pela Convenção de Viena sobre sinais rodoviários sejam sempre utilizados, em vez de outros tipos.

5. *Tão logo seja possível, substituir as palavras dos sinais turísticos por símbolos ou pictogramas e assegurar que estes sejam facilmente compreendidos pelos usuários e, sempre que possível, sejam idênticos em diferentes países"*[6].

Além disso, sinais que indicam atrativos turísticos que são diferentes daquelas que figuram na Convenção de Signos e Sinais Rodoviários, devendo ser projetados e instalados em condescendência com alguns princípios:

- *"Sinais para atrativos turísticos devem ser instalados apenas onde sua utilidade é incontestável. Sua importância não deve ser depreciada e a atenção de usuários de estradas não deve ser distraída pela presença de muito sinais."*
- *"Já que os usuários de estradas devem dar prioridade para os regulamentos e informações das rodovias, visando garantir segurança ou clareza, os sinais de atrativos turísticos nunca devem ser instalados em locais onde já existem vários sinais dando instruções ou indicações e que têm grande importância para a segurança do tráfego."*
- *"Os sinais de atrativos turísticos somente devem ser instalados em distância moderadamente próxima aos locais ou centros que indicam."*
- *"A cor marrom, reservada para sinais de atrativo turístico, nunca deve ser utilizada para outros sinais rodoviários. Recomenda-se que países utilizando outras cores para esse tipo de sinal o substituam gradativamente com sinais apresentando um fundo marrom e símbolos brancos e/ou inscrição ou símbolos marrons e/ou inscrição sobre um fundo claro."*
- *"Qualquer inscrição utilizada em sinais de atrativos turísticos deve, sempre que possível, ser substituída por símbolos ou pictogramas, de modo que os sinais possam ser facilmente entendidos por usuários estrangeiros."*

A Convenção de Signos e Sinais Rodoviários estipula também que as partes contraentes limitem a quantidade de tipos de sinais adotados para o mínimo necessário e formem um sistema coerente (Capítulo I, art. 4):

a) *todos os sinais rodoviários, sinais luminosos de trânsito e marcação de estradas instalados em seu território devem formar um sistema coerente e serem projetados e instalados de modo que sejam facilmente identificados;*

b) *a quantidade de tipos de sinais deve ser limitada e os sinais devem ser colocados somente em pontos em que são considerados úteis;*

c) *sinais de advertência de risco devem ser instalados em uma distância suficiente do obstáculo, de modo a alertar os motoristas a tempo;*

Deve ser proibido:

- *afixar a um sinal, a seu suporte ou a qualquer outro dispositivo de controle de tráfego qualquer coisa não relacionada às finalidades de tais sinais. Se, no entanto, as partes contraentes ou suas subdivisões autorizarem que uma associação sem fins lucrativos instale sinais informativos, pode permitir que o emblema daquela associação apareça no sinal ou no seu suporte, contanto que isso não dificulte a compreensão do sinal;*
- *instalar qualquer letreiro, aviso, marca ou dispositivo que possa ser confundido com sinais ou outros dispositivos de controle de tráfego, pois isso pode tornar os sinais menos visíveis ou eficazes ou pode ofuscar usuários de estradas ou distrair sua atenção de modo prejudicial à segurança do tráfego;*
- *instalar, nos pavimentos e margens da estrada, dispositivos ou equipamentos que possam, desnecessariamente, obstruir o movimento de pedestres, em particular, pessoas mais velhas ou deficientes.*

Desse modo, para preparar o Acordo Europeu de forma complementar à Convenção, a Conferência Européia de Ministros de Transporte concordou com os seguintes princípios básicos para sinais turísticos[7].

*"**Princípio de segurança:** não é permitido afetar a segurança do usuário com a presença excessiva de sinais ao longo das estradas. Os sinais turísticos não devem, portanto, ser colocados onde já há vários sinais rodoviários, especialmente aqueles dando instruções... No entanto, a colocação correta de sinais nas estradas de rodagem evita que os motoristas hesitem sobre qual estrada seguir. Isto significa que sinais turísticos podem corresponder a um elemento de segurança."*

*"**Princípio de proximidade:** não devem ser instalados sinais e postes indicativos muito longe dos locais, monumentos ou serviços que deman-*

dam maior atenção. Caso pareça necessário manter, em alguns casos, a idéia de marcadores turísticos, um sinal de direção turístico será colocado razoavelmente perto do local indicado, a fim de evitar a proliferação de sinais. Pode-se permitir um número limitado de exceções para esse princípio, quando o local em questão for considerado de importância essencial para toda a região ou se estiver no final de um itinerário, pois, nesse caso, os motoristas precisam de orientação permanente desde uma certa distância."

*"**Princípio de especificidade:** os sinais turísticos devem ser diferenciados, por um lado, de sinais de propaganda como marcas registradas e pré-registradas e, por outro lado, dos sinais que regulamentam o uso de estradas."*

Recomendação sobre o signo "i", o signo oficial de informação turística (signo "i"ou "*i*")

O signo "i" ou "*i*" foi recomendado pela União Internacional da Organização Oficial de Turismo (organismo que precedeu a OMT) para indicar a localização de um centro de informação turística. Foi a primeira tentativa de padronizar um símbolo de turismo por um organismo internacional.

Em um encontro da Comissão Regional do IUOTO para a Europa, realizado em Amsterdã (Holanda), em 28 de abril de 1975, constatou-se que a maior parte dos países europeus adotava o signo "i" ou "*i*" para indicar a existência de um centro de informação turística, com um sinal correspondendo a um dos modelos apresentados a seguir. O símbolo que aparece em um dos dois modelos de sinal indicativo poderia ser utilizado como um sinal direcional, como nos exemplos E.7 e E.8 na seção B do Anexo 5 da Convenção de Signos e Sinais Rodoviários (uma letra azul em um quadrado branco com segundo plano azul).

A maioria dos países adotou um dos dois padrões de signos "i" (i ou *i*) proposto pelo IUOTO para indicar a localização de um centro de informação turística. Apesar da existência e do uso do signo de informação turística oficial, não há acordo internacional nos seus termos de referência, isto é, quem pode utilizá-lo, que tipo de serviço de informação ele denomina (especialmente se serviço pago ou gratuito), a necessidade de autorização para seu uso, etc[8].

A variante atual mais popular do signo de informação turística oficial é o signo "i" (ou "*i*") acompanhado por um ponto de interrogação. Observa-se essa prática em todas as regiões do mundo (incluindo a Europa), sendo a preferida fora da Europa[9], especialmente onde o alfabeto oriundo do latim é menos ou não é utilizado. Na região da APEC, pondera-se (uma proposta da APEC TWG) a recomendação oficial do uso de um ponto de interrogação.

O esboço da recomendação da OMT "considera que a condição real do signo nem sempre é clara para seus usuários e beneficiários reais e potenciais e

1. tal recomendação reafirma o uso do signo "i" (ou "*i*") a fim de:
   a) indicar a localização de centros públicos de informação turística
   b) indicar todos os outros locais, oficiais ou privados, onde a se oferece informação turística gratuitamente para o público em geral
   c) indicar a disponibilidade de informação impressa, audiovisual e em meio eletrônico para os turistas
2. recomenda utilizar nesses casos, como alternativa, o signo "i" (ou "*i*") acompanhado por um ponto de interrogação."

Publicação conjunta do IMO e ICAO sobre signos internacionais em aeroportos e terminais marítimos

O Conselho da Organização Internacional de Aviação Civil (ICAO) publicou, em 1970 (Documento 9430), *"um conjunto de signos padrões para facilitar o uso eficiente de aeroportos por viajantes e outros usuários"*. Essa medida foi adotada para fornecer orientação para autoridades de muitos aeroportos, diante de crescente congestão nos edifícios dos terminais, o que demandou a modificação ou ampliação de suas instalações. Os signos propostos foram experimentados e utilizados e os sinais novos e revisados foram publicados em 1984, como a segunda edição do Doc 9430.

Em 1987, a atenção do Comitê Facilitador da Organização Marítima Internacional (IMO) foi levada para a publicação ICAO Doc 9430. Esse comitê da IMO considerou adequada a maioria dos signos contidos em tal documento para uso em portos e concordou em consultar a ICAO com a intenção de publicar, conjuntamente, tais signos e símbolos para terminais marítimos e aéreos.

Anteriormente, durante a décima sessão da Assembléia da IMO, em novembro de 1977, uma nova prática recomendada havia indicado:

"Para uso em terminais marítimos e a bordo de navios, a fim de facilitar e acelerar o tráfego marítimo internacional, as autoridades públicas devem implementar ou, onde o problema não pertencer à sua jurisdição, recomendar que os responsáveis o façam, signos e símbolos internacionais padronizados desenvolvidos ou aceitos pela Organização em cooperação com outras organizações internacionais apropriadas, comuns para todos os meios de transportes."

Em 1993, os Conselhos da ICAO e da IMO aprovaram uma nova edição do Doc 9430, como uma publicação conjunta da ICAO/IMO, para contribuir para a adoção uniforme e mundial de signos por aeroportos e terminais marítimos internacionais, a qual foi denominada "*Internationals signs to provide guidance to persons at airports and marine terminals*" e publicada em 1995[10].

A publicação da ICAO/IMO indica que a quantidade de sinais utilizados deve ser mantida a menor possível e que seja coerente com a necessidade de fornecer orientação para o público. Às vezes, as autoridades podem desejar fixar sinais adicionais. Não se considerou adequado negociar com elas o desenvolvimento de sinais de padrão internacional como, por exemplo, sinais abarcados pelos códigos de edificações nacionais ou sinais elaborados mais para a conveniência dos passageiros do que para facilitar sua movimentação pelos terminais.

Os princípios gerais com relação ao uso de signos e a lista de 42 signos recomendados são apresentados no Anexo 3 (Signos internacionais de orientação para pessoas em aeroportos e terminais marítimos).

Estudo realizado na região abrangida pela APEC sobre a padronização de símbolos de sinalização para visitantes[11]

Em 1997, o Grupo de Trabalho de Turismo da Cooperação Econômica Ásia-Pacífico (APEC) decidiu iniciar um estudo, em três estágios, que visava padronizar os símbolos de sinalização para visitantes para instalações, serviços e transporte turísticos nos países membros:

- reunir e identificar os principais sistemas de sinalização atualmente utilizados nos países membros e nas organizações internacionais;
- avaliar a sinalização existente;
- desenvolver uma estratégia de sinalização padronizada (porém, não projetar, de fato, uma nova sinalização e um plano de implementação).

Foi reunida informação proveniente da maioria dos 21 países membros da APEC (Austrália; Brunei; Canadá; Chile; Hong Kong; China; Indonésia; Japão; Coréia; Malásia; México; Nova Zelândia; Papua Nova Guiné; Filipinas; Cingapura; Taiwan; Tailândia; Estados Unidos) e (Peru; Rússia; Vietnã). Foram obtidos treze questionários respondidos, provenientes dos seguintes países membros: Austrália, Canadá (Quebec, Saskatchewan e Yukon), Chile, China, Coréia, Malásia, Nova Zelândia, Peru, Cingapura, Taiwan, Tailândia.

Os resultados do estudo da APEC mostram a necessidade de um programa de sinalização turística e para visitantes. A iniciativa da APEC é a primeira desse tipo na região e uma estratégia comum pode ser facilmente adotada. Não há diferenças importantes nos sistemas atualmente utilizados.

Essa estratégia deve manter:

- *a associação da atual base de dados de símbolos dos organismos ICAO, IMO, ISO, UIC e OMT, sob controle de um órgão líder, no caso, a APEC TWG, para fornecer dados únicos para seus países membros,*
- *a associação dos padrões dos países membros da APEC, quando existentes, para fornecer referentes de símbolos e marcadores coloridos dessa base de dados que não tenham sido internacionalmente padronizados,*

- *a orientação sobre o uso de símbolos voltados para turistas/visitantes e sua adoção nos padrões de interesse destes, para ser preparado sob patrocínio da OMT, ISO e outras organizações internacionais,*
- *a estratégia deve se basear nos seguintes princípios:*
  - *quanto mais um símbolo é utilizado, mais familiar ele se torna: a introdução de diferenças desnecessárias confunde o visitante e enfraquece a eficácia dos símbolos,*
  - *turistas/visitantes estão sendo colocados diante de um crescente número de símbolos: quanto menos eles têm para se lembrar, melhor (Princípio ISO).*

Ao mesmo tempo, recomenda que os países se preparem para um desenvolvimento gradativo de padrões de sinalização para visitantes, focando, inicialmente, em apenas algumas áreas-alvo como, por exemplo, instalações e atrativos turísticos.

Símbolos propostos para referentes APEC: Uma lista de referentes de símbolos e marcadores foi definida. Alguns são de natureza abstrata, porém absolutamente familiares. Outros são novos, mas muito representativos, e parecem oferecer uma chance melhor de serem compreendidos. Deve-se reconhecer que como muitos dos símbolos estão voltados para visitantes internacionais, eles podem ser mal interpretados em alguns países membros, sendo colocados sob julgamento dos membros da TWG para serem aceitos ou não.

Também se deseja evitar confusão entre comportamento de proibição e comportamento de obrigação. Alguns desses símbolos podem ser acompanhados por um texto, como o nome do monumento, localidade, local de realização da atividade, etc. Considera-se importante que o texto não gere confusão com relação ao significado do símbolo.

Propõe-se que cerca de 270 símbolos, divididos em quatro grupos principais, sejam padronizados:

(a) Segurança pública e turística

(b) Transporte turístico

(c) Atrativos e atividades turísticas

(d) Equipamentos e instalações turísticas

Os marcadores de rotas, caminhos ou trilhas e os sistemas de advertência de praias estão incluídos no terceiro grupo.

A segunda fase de implementação pode acontecer em associação com a PATA e a OMT, sugerindo-se que se incluam os seguintes passos:

- criar um Comitê Especial,
- obter consenso sobre os referentes a serem adotado como padrão pela APEC TWG,
- convidar a OMT, a ISO e as principais associações de viagem e turismo interessadas no projeto para participar do Comitê Especial de Sinalização para Visitantes,
- publicar um guia de viagem e folhetos,
- publicar páginas eletrônicas sobre os Referentes Padronizados de Sinalização para Visitantes Adotados (desenhos adotados com formas e cores) no *site* da APEC,
- convidar os países membros para testar alguns dos referentes adotados em suas próprias instalações e atrativos turísticos, de acordo com as características de seus produtos,
- convidar os países membros a tomar as medidas necessárias para implementar os referentes padronizados adotados.

EXEMPLO: SIGNOS DA BLUE FLAG

O prêmio *Blue Flag* é um selo dado pela Federação para Educação Ambiental na Europa (FEEE)[12] que visa melhorar a qualidade dos destinos litorâneos. A FEEE propõe 12 signos para expressar critérios de controle e segurança de praias[13]:

- certificação de água não poluída
- informação e educação ambientais[14]
- limpeza de praia e coleta de lixo
- presença de salva-vidas na praia
- acesso fácil e seguro para pessoas com deficiências
- primeiros socorros
- proibição de *camping* selvagem
- conformidade com os regulamentos da costa marítima
- água potável
- instalações sanitárias, inexistência de trabalhadores de limpeza na areia
- proibição de acesso de veículos
- proibição de animais domésticos

Os signos propostos pela Blue Flag

Notas

1 Por exemplo, na Europa, África do Sul (com SADC), América Latina.

2 Por exemplo, AH&MA, na América do Norte.

3 Incluindo alianças estratégicas com organizações da indústria turística, com a finalidade de obter um consenso sobre a padronização da sinalização para visitantes e convidar os membros da Organização Mundial de Turismo a participarem, em associação com a ISO e outros órgãos importantes, nos procedimentos de testes de novos signos e símbolos sujeitos à padronização (consultar as propostas do Secretariado da OMT recomendadas pelo Conselho sobre Signos e Símbolos Turísticos (QSC 4/7 (b), Anexo 1 (e)).

4 Em 1995, três signos foram acrescentados à relação de signos de direção turística:

- trens com carro-dormitório: direção rumo ao local onde os veículos são carregados no trem, assim como a direção para colocar o veículo em um trem que passará por um túnel.
- trens: direção para colocar o veículo em um trem que passará em um túnel.
- balsa: direção a ser tomada para embarcar um veículo em uma balsa.

Esses símbolos devem estar em uma cor escura sobre um fundo claro.

5 (*Economic Commission for Europe, Inland Transport Committee, Main Working Group on road transport, Working Group on Traffic Safety*) Documento datado de 5 maio de 1997 (TRANS/SC.1/295/Rev.3).

6 Capítulo I da Convenção.

7 Comissão Econômica Européia, Comitê de Transporte Doméstico, Grupo de Trabalho Principal sobre Transporte Rodoviário, Grupo de Trabalho sobre Segurança Rodoviária, em sua 14ª sessão (11 a 15 de fevereiro de 1991):

8 O signo "i" geralmente é utilizado em escritórios de turismo (nacional, regional, local), postos de informação em estações rodoviárias e ferroviárias, portos marítimos e aeroportos, outros postos de informação pública e, em alguns casos, estabelecimentos turísticos ou comerciais. Na Finlândia, pedidos para uso do signo devem ser feitos ao Escritório Finlandês de Turismo. Em Israel, não há regras gerenciando seu uso.

9 Por exemplo, na Argentina: "Quando o sistema de signos turísticos foi projetado e comparado aos símbolos universais, observou-se que o uso de um ponto de interroga ção se disseminou. No símbolo de informação turística, o critério escolhido foi que o ponto de interrogação deveria incorporar o logotipo da organização que indicava."

10 Ao mesmo tempo, a UIC (União Internacional de Ferrovias) reuniu uma lista abrangente de símbolos semelhantes àqueles da IMO e da ICAO, com algumas variantes como, por exemplo, para refrescos e lanches, farmácia, lavanderia, carrinhos de bebê, berçário, compras e símbolos específicos, como vestiário, validação de bilhete, estação de metrô, tomada para barbeador elétrico, secador portátil e recipiente de papel toalha.

11 APEC, TWG 01/98, Singapour 1999.

12 O logotipo da "Blue Flag" é apresentado no Capítulo IV.

13 Consultar OMT/UNEP/FEEE, Awards for improving the coastal environment: the example of the Blue Flag, Madrid, 1996.

14 Os signos em negrito também são apresentados no Capítulo III.

PROGRAMA DE SINALIZAÇÃO PARA VISITANTES E PADRONIZAÇÃO INTERNACIONAL

Abordagem Ampla Concernente à Sinalização para Visitantes

A instalação de um programa de sinalização para visitantes pode ser um processo longo, pois deve ser aceito não apenas pelas autoridades principais, mas também pelas comunidades locais e regionais e associações de viagens e negócios turísticos.

A figura a seguir apresenta um esquema de abordagem abrangente voltado à sinalização para visitantes. Um modelo semelhante foi desenvolvido pelos Ministérios de Turismo e de Infra-estrutura, Habitação e Transporte da França*. Com relação ao projeto, os símbolos podem ser padronizados de acordo com os seguintes atributos (elementos): tamanho, inscrição, uso de palavras e terminologias comuns, cores, posicionamento (altura, distância, posição em objetos específicos).

As instalações para as quais os símbolos (signos) podem ser padronizados, de acordo com as características acima, incluem:

- Mapas, incluindo mapas rodoviários;
- Sinais de direção (setas ou marcadores indicando destinos);
- Sinais de localização para marcar a posição de uma instalação ou de um serviço.

Procedimentos ISO para Definir e Testar Símbolos de Informação Pública (Referindo-se Também à Sinalização para Visitantes)

A. Padrão ISO 7001

Um dos principais passos na implementação do programa de sinalização para visitantes é definir a função dos símbolos a serem utiliza-

* Ministère du Tourisme et Ministère de l'Équipement, du Logement et des Transports, Signalisation touristique, Guide, Direction des Journaux Officiels, Paris, France, mars 1992.

Ampla abordagem concernente à sinalização para visitantes

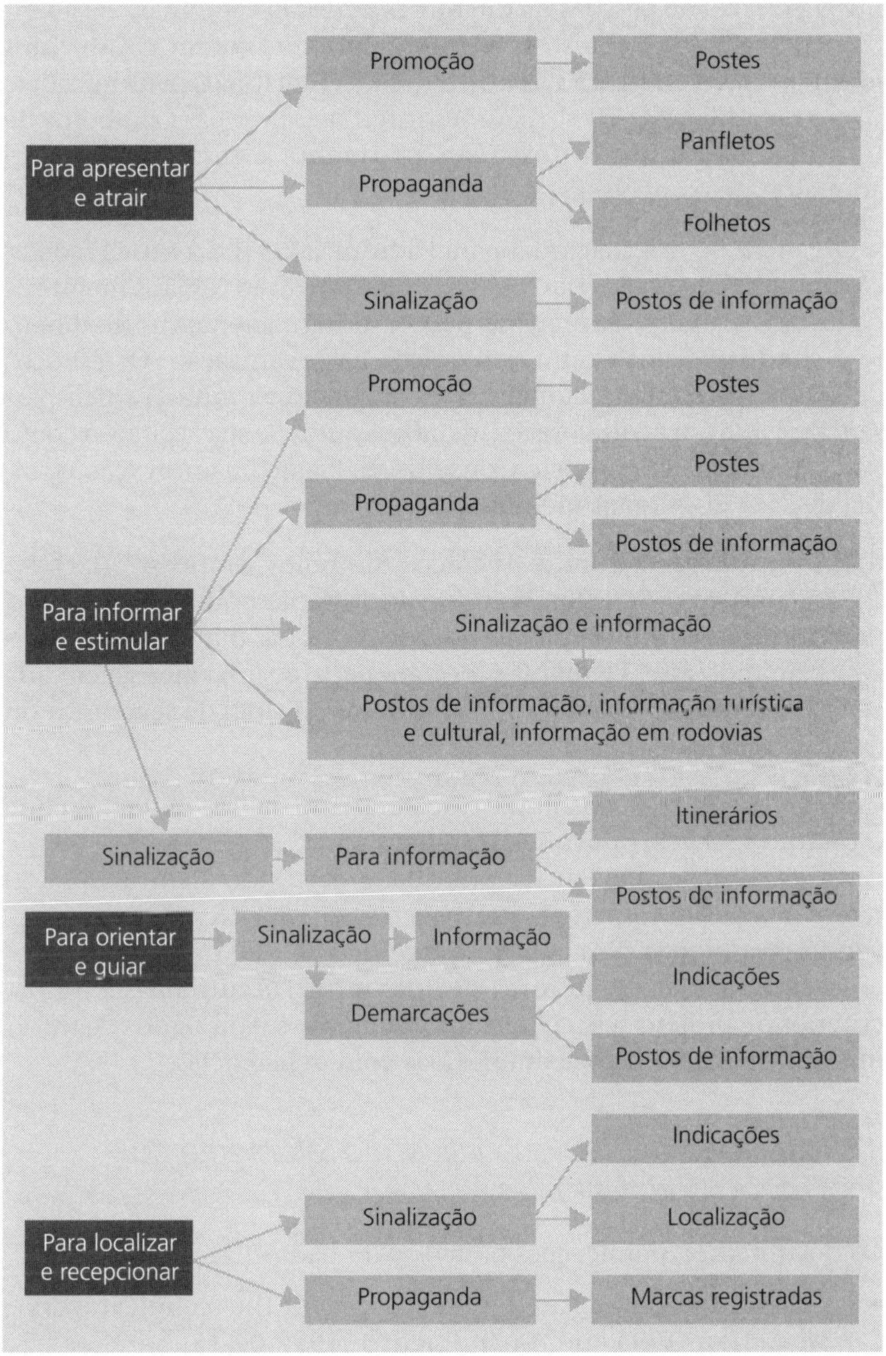

dos e testá-los de modo que sejam compreendidos pelo maior número possível de pessoas de diferentes culturas e idiomas. Tais definições de funções e testes de inteligibilidade foram conduzidos levando em consideração os referentes internacionais padronizados, como o padrão ISO 7001 (padrões internacionais para símbolos de informação pública)[1], dos quais cinqüenta e sete haviam sido adotados até o ano 2000.

A Organização Internacional para Padronização (ISO) é uma federação mundial de órgãos nacionais de padronização (órgãos membros da ISO). O trabalho de preparar padrões internacionais normalmente é conduzido por Comitês Técnicos da organização. Os esboços desses padrões internacionais propostos pelo Comitê Técnico passam pela aprovação dos órgãos membros antes de sua aceitação como padrões internacionais pelo Conselho da ISO (com aprovação mínima de 75% dos órgãos membros).

A ISO instaurou o Comitê Técnico "Símbolos Gráficos"[2] (ISO/TC 145) – Subcomitê SC1 (Símbolos de informação pública) o qual visa padronizar os atributos (elementos) de símbolos gráficos, como suas cores, quando esses elementos formam parte de uma mensagem que o símbolo visa representar (por exemplo, um sinal de segurança ou de advertência de praia)[3].

Como resultado de consultas[4], o Secretariado da OMT concluiu que o **padrão ISO 7001** deve ser ampliado para 250 a 300 referentes, e cerca de 40 deles devem ter prioridade de testes; além disso, 160 referentes dizem respeito a atrativos e equipamentos turísticos, devendo ser testados com o grupo específico de usuários (hotéis, operadoras de turismo, gestores de turismo). Discutiram-se, ainda, critérios de projetos visuais e símbolos gráficos para signos de informação pública voltados para pessoas com deficiências.

B. Outros padrões ISO que influem diretamente na sinalização para visitantes

Os documentos/publicações básicos para padronização incluem:

- ISO/IEC Directives Part 1, "Procedures for the technical work", 3rd edition, 1995 and Amendment 1, 1997-04-15

- ISO/IEC Directives Part 2, "Methodology for the development of further International Standards", 2nd edition, 1992
- ISO/IEC Directives Part 3, "Rules for the structure and drafting of International Standards", 3rd edition, 1997.

Além disso, o ISO/TR 7239 é utilizado para especificar uma série de definições e princípios (terminologia) referentes ao desenvolvimento e à aplicação de símbolos de informação pública e deve ser utilizado como um guia para a aplicação do Padrão 7001[5].

ISO 3461: Princípios gerais para símbolos gráficos, para uso em equipamentos – criação de símbolos gráficos: fornecer informação detalhada sobre como criar um símbolo, indicando vários aspectos de projetos gráficos, desde a orientação até a espessura apropriada da linha.

ISO 3864: 1984 – Cores e sinais de segurança: fornece um sistema para sinais de segurança no qual é feito o uso de cores e formas geométricas para identificar diferentes categorias de uso, como sinais de proibição, de obrigação, de advertência e de informação relacionados às condições de segurança.

ISO 4196: 1984 – Símbolos gráficos: uso de setas.

ISO 6309: 1987 – Proteção contra incêndio: sinais de segurança.

ISO/TR 7239: 1984 – Desenvolvimento e princípios para a aplicação de pictogramas: fornece um procedimento abrangente que enfatiza uma abordagem interativa para o projeto dos símbolos, na qual estes devem ser testados para inteligibilidade em cada ciclo do processo de planejamento.

ISO/CD 7239: 1984 – Princípios para desenvolvimento e aplicação de símbolos de informação pública.

ISO 9241 – 3: 1992 – Necessidades ergonômicas para o trabalho em escritórios com terminais de exibição visual (VDT), Parte 3: Exigências para terminais de exibição visual.

C. Conteúdos do procedimento da ISO para desenvolvimento e teste de símbolos de informação pública

A Padronização Internacional ISO 9186: 1989 (primeira edição), especifica o procedimento a ser utilizado para reunir as informações necessárias para o desenvolvimento de símbolos de informação pública (ISO 7001), assim como o método a ser utilizado em testes cuja variante de um símbolo é a mais adequada (em termos, por exemplo, de um local ou atrativo específico), e o método a ser utilizado para testar o alcance de comunicação da mensagem planejada de uma variante.

Preparado pelo Comitê Técnico da ISO/TC 145, (Símbolos gráficos, Subcomitê SC1, Símbolos de informação pública), esta edição está sendo revisada. Espera-se que a publicação da nova edição ocorra em 2000. Seus elementos principais encontram-se resumidos a seguir.

O procedimento envolve o uso de especialistas para revisar e executar adequadamente o teste dos símbolos, utilizando diversos grupos formados pelo público em geral.

"Em conseqüência das diferenças culturais e tecnológicas entre os países, decidiu-se padronizar apenas o conteúdo de imagem dos símbolos gráficos, e não propriamente a imagem gráfica. Para cada conteúdo de imagem incluído nesse Padrão Internacional, os detalhes são especificados em uma única folha. Cada folha também contém um exemplo de orientação que corresponde ao conteúdo da imagem padrão. Os exemplos apresentados na orientação não são relacionados, porém seu uso deve ser estimulado... Nos caso em que há dois projetos, um é apropriado para limites de reprodução em tamanho grande e o outro é simplificado para reprodução em tamanho pequeno; os limites de tamanho recomendados são apresentados para cada um deles. Em tais casos, a adaptação para reprodução em tamanhos muito pequenos pode omitir alguns elementos do conteúdo da imagem padrão[6]."

Há cinco estágios no procedimento para o desenvolvimento e teste de símbolos com seu conteúdo de imagem[7]:

1. Coleta da informação necessária relacionada à necessidade do símbolo padrão.

2. Coleta de um conjunto de variantes existentes e propostas.
3. Seleção das variantes mais apropriadas.
4. Teste das variantes mais adequadas.
5. Definição do conteúdo padrão de imagem e/ou padronização do símbolo mais apropriado.

O teste de classificação de adequação é descrito, fase a fase, no Padrão Internacional ISO 9186: 1989, como segue:

1. Preparação de material para teste
   - Cartão de informação: Preparar cartão de informação para cada referente mencionando o nome do referente, sua função, seu(s) campo(s) de aplicação e funções excluídas (caso haja alguma).
   - Cartões de teste: Fazer um conjunto de cartões de testes (tamanho A7), cada um mostrando uma das variantes dos símbolos. No verso de cada cartão, escrever um código numérico para identificar o referente e a variante.
2. Respondente
   - Realizar o teste em pelo menos dois países com diferentes culturas (por exemplo, um país europeu e um asiático).
   - O número de respondentes nunca deve ser inferior a 50. A validade dos resultados do teste aumentará caso as amostras assemelhem-se a uma eventual população usuária.
3. Tarefa dos respondentes
   - Ler cuidadosamente os cartões de informação.
   - Onde há 10 ou menos variantes, o respondente é instruído a classificá-las da mais para a menos apropriada.
   - Onde há 10 ou mais variantes, o respondente é instruído a separá-las em três diferentes classes: "grande adequação", "média adequação" e "pequena adequação".

Os resultados de adequação do teste de posicionamento são tabulados de acordo com a seguinte metodologia:

- Soma de valores de freqüência
- Cálculo do valor médio de posicionamento de cada variante
- Apresentação de resultados

- Preparação de formulários separados para cada referente, para cada país que participou do teste.

Os formulários de resultados incluem dados como:

- nome do referente
- função do referente
- área(s) de aplicação
- país no qual o teste foi realizado
- número de respondentes
- cópias das variantes de símbolos testadas
- códigos de identificação de variantes
- fonte de cada variante
- posicionamento médio de cada variante

Seleção de variantes para um teste de compreensão[8]:

1. Três variantes geralmente são suficientes para o teste de compreensão.
2. O teste de compreensão deve ser conduzido em, pelo menos, quatro países.
3. A amostra de respondentes para um conjunto de símbolos deve compreender, no mínimo, 100 em cada país, com número igual de respondentes de cada faixa etária.

Análise dos resultados do teste de compreensão:

As respostas são discriminadas para cada referente; a lista pode ser utilizada para solucionar qualquer anormalidade nos resultados de países diferentes. O procedimento da ISO recomenda que três juízes sejam designados para assinar cada resposta em uma das sete listas de categorias-padrão de:

Compreensão correta do símbolo:

- *é correta para o significado que é estabelecido*
- *é o oposto do que o planejado*
- *ou a resposta está errada*[9].

Para a associação dos resultados de diferentes países, construiu-se uma tabela para cada referente mostrando os dados combinados de todos os países que participaram do teste de compreensão.

D. Testes utilizando apresentação em computadores

A inovação da segunda edição do projeto do Padrão Internacional ISO/DIS 9186: 2 é a introdução de testes utilizando apresentações em computador para serem executadas em centros de testes aprovados[10].

Para o teste de julgamento da compreensibilidade, um passo importante é a preparação do material a ser testado:

"Assegurar que todas as exibições apresentem o mesmo padrão. Estas devem ser preparadas por meio de um programa específico e os programas e os arquivos devem ser disponibilizados aos responsáveis pelo teste, em cada país participante, no formato que necessitarem". "... Durante o teste os respondentes devem ter em mãos o material impresso do conteúdo da apresentação computadorizada. Para cada um dos respondentes, os símbolos variantes devem estar em ordem aleatória diferente ao redor do círculo na tela."

Para o teste de compreensão, *"a exibição deve mostrar um dos símbolos posicionados em seu centro. O tamanho do símbolo deve ser de, no mínimo, 40 × 40mm. Abaixo do símbolo deve haver uma caixa retangular com um lado comprido de, no mínimo, 80% da extensão máxima da linha. A caixa é utilizada para a resposta do respondente e deve ter espaço para um texto de quatro linhas". "No teste de compreensão é importante informar aos respondentes o contexto geral no qual os símbolos poderiam ser observados; por exemplo, 'no aeroporto', 'na parede de um edifício público'. Essa informação deve ser apresentada na tela do computador, acima do símbolo."*

O novo Padrão Internacional ISO/DIS 9186: 2 também apresenta o Anexo A (normativo) para a coleta de informação. O formulário de aplicação ou solicitação contém detalhes da solicitação para a padronização de um símbolo ou o conteúdo de imagem de um símbolo. O Anexo B (normativo) sobre o teste de julgamento da compreensibilidade apresenta uma matriz de freqüência para analisar os resultados deste e o formulário para apresentar seus resultados. O Anexo C (normativo) apresenta detalhes de um exemplo de material de teste para o teste de compreensão e a tabela para apresentação dos testes, assim como a tabela para mostrar os dados associados de países participantes dos testes.

Notas

[1] Consultar Anexo 4: Índice Numérico e Fontes de Símbolos de Informação Pública adotados pela ISO 7001.

[2] O Secretariado é mantido pela Instituição de Padrão Britânico (BSI) desde dezembro de 1996.

[3] Desde o início do Comitê Técnico (ISO/TC 145), apenas 57 símbolos foram desenvolvidos e adotados, particularmente em razão da complexidade e dos custos de procedimentos de testes utilizando o Padrão ISO 9186. A última edição (segunda edição) do Padrão ISO 7001 com a Emenda 1 foi publicada no dia 1º de fevereiro de 1990. Essa edição cancela e substitui a primeira (ISO 7001:1980) juntamente com a ISO 7001:1980/ Adendo 1:1985, o qual teve uma revisão mínima.

Fonte: ISO/TC 145, Resolution 97-2, London. Em 1998, o grupo de trabalho do Comitê Técnico (ISO/TC 145) sobre "Símbolos Gráficos" foi requisitado para fazer propostas de estimativas de custo e testes rápidos e eficientes, a fim de acelerar a padronização de símbolos de informação pública, especialmente utilizando meios eletrônicos modernos.

[4] No período de 2 a 4 de novembro de 1998, o Comitê Técnico ISO/TC 145, SC/1, sobre Símbolos de Informação Pública, realizou um encontro com a OMT em Madri (Espanha) e considerou a possibilidade de padronizar novos símbolos, além dos 57 já padronizados (relacionados, principalmente, com atrativos, localidades e equipamentos turísticos).

[5] O Comitê Europeu para Padronização (CEN), em 1999, estudou uma proposta (isto é, item a ser alterado) que pode ser, se adotada, a referência para terminologia sobre serviços turísticos: "Tourism Services – Hotels and other types of tourism accommodation" (Proposta do CEN/TC 329/WG 1) e sobre "Tourism Service/Travel Agencies and Tour Operators" (CEN/TC 329/WG 2).

[6] ISO 9186:1989.

[7] O conteúdo da imagem inclui os elementos do símbolo a serem testados e sua disposição relativa.

[8] O **teste de compreensão** é o procedimento para obter uma resposta a partir de um público capaz de avaliar o grau de compreensão dos símbolos propostos. Esse termo é diferente do **teste de julgamento da compreensibilidade**, que é o procedimento para se obter julgamentos da inteligibilidade dos símbolos propostos.

[9] *Para a determinação das variantes mais compreensíveis:* uma variante que possui uma pontuação acima de 66% (somando a pontuação das categorias 1 e 2 já citadas) pode ser utilizada para definir o conteúdo da imagem padrão. Onde duas variantes apresentam a mesma pontuação de compreensão, a variante mais compreensiva pode ser identificada adotando-se aquela que tem a menor percentagem na categoria 5 ("A resposta está errada").

[10] Anexo D da Versão Preliminar do Padrão Internacional ISO/DIS 9186:1999.

CAPÍTULO 3

Signos e Símbolos Selecionados, Padronizados, Recomendados e Utilizados para Informação Pública e para Visitantes

CATEGORIAS DE REFERENTES SELECIONADOS

Este capítulo rememora vários signos e símbolos (referentes) de interesse turístico e seus usos. Foram selecionados pelo Secretariado da OMT com base no material recebido dos países membros e de outras organizações, nacionais e internacionais. O propósito da seleção é indicar a possibilidade de harmonização internacional dos referentes.

Como regra, na listagem apresentada foi pego um exemplo para cada referente, o que certamente não ilustra todas as variantes de signos e símbolos existentes. Na indicação de referentes específicos foi dada preferência, nessa seqüência, para aqueles que já foram padronizados (ISO), recomendados (IUOTO/OMT, IMO, ICAO, UIC), que são comumente utilizados por um grupo de países ou, em última instância, que foram fornecidos por um único respondedor. Entretanto, a citação de referentes específicos não expressa a preferência dos planejadores deste guia, o Secretariado da OMT ou a Organização. Além disso, a lista de referentes não teve a pretensão de ser completa já que, por exemplo, podem existir símbolos gráficos para atrativos, atividades e instalações que podem ser encontradas apenas em destinos turísticos específicos, e estes não foram incluídos.

Os referentes selecionados foram classificados em seis categorias principais:

1. Informação geral pública e turística
2. Equipamentos e instalações turísticas
3. Transporte público e para visitantes
4. Atrativos turísticos
5. Esportes e recreação ao ar livre
6. Signos e símbolos turísticos que aparecem como ícones típicos em portais (canais abertos) e *web sites* da Internet

Cada referente ou variante, apresentada em forma de pictograma preto-e-branco, é explicada de acordo com o modelo abaixo*:

- uso (ou função do símbolo)
- conteúdo da imagem
- aplicação
- origem do exemplo (país ou organização)
- comentários (caso seja necessário)

Duzentos e noventa e um referentes são apresentados neste capítulo.

INFORMAÇÃO GERAL PÚBLICA E TURÍSTICA

A. Lista de Referentes

1. Símbolo de informação turística
2. Entrada
3. Saída
4. Saída de emergência

* Essa descrição foi elaborada pelo Secretariado da OMT ou citada pela ISO (os cinqüenta e sete símbolos de informação pública adotados na ISO 7001).

5. Setas de direção
6. Escada
7. Elevador
8. Escada rolante
9. Entrada proibida
10. Sanitário (Unissex)
11. Sanitário (Masculino)
12. Sanitário (Feminino)
13. Extintor de incêndio
14. Alarme de incêndio
15. Mangueira de incêndio
16. Telefone de incêndio
17. Telefone
18. Instalações de fax/Internet
19. Instalações de serviços postais
20. Telegrama/Telex
21. Banco ou Casa de Câmbio
22. Água potável (da torneira)
23. Primeiros socorros
24. Farmácia/Drogaria
25. Hospital
26. Garagem/Automecânica
27. Posto de gasolina
28. Polícia/Polícia turística
29. Passaporte/Imigração
30. Alfândega
31. Achados e perdidos
32. Permitido fumar
33. Proibido fumar
34. Cães/Animais de estimação na coleira
35. Proibida a presença de cães
36. Silêncio
37. Escola/Jardim da infância
38. Zona ou rua de pedestre
39. Área para piquenique/Fogueira/Recreação ao ar livre
40. Proibido fazer fogueira
41. Área de descanso
42. *Playground*
43. Alarme de emergência
44. Telefone de emergência
45. Perigo/Advertência
46. Água em condições perigosas
47. Câmera de segurança
48. Área VIP
49. Armário masculino
50. Armário feminino
51. Estacionamento coberto
52. Proibido estacionar
53. Visitas guiadas
54. Lixeira
55. Proibido jogar lixo
56. Símbolo internacional de acesso para pessoas com deficiências
57. Acessível para usuários de cadeira de rodas, com assistência
58. Acesso para pessoas com mobilidade limitada, porém com condições de andar alguns passos e subir até três degraus
59. Acesso para pessoas com dificuldades de locomoção
60. Instalações para pessoas com deficiência visual
61. Instalações para pessoas com deficiência auditiva
62. Permitida a entrada de cães-guia de cego
63. Informação em braile
64. Instalações para idosos
65. Instalações para gestantes
66. Instalações para mulheres com bebês
67. Instalações para pessoas com problemas cardíacos
68. Instalações para pessoas com deficiência mental

B. Descrição dos Referentes

Símbolo de informação turística

Uso: Indicar e identificar a localização de um posto ou local onde é possível obter informação turística.
Conteúdo da imagem: *i* ou *i?* ou i ou i?, uma letra azul em um quadrado branco com fundo preto.
Aplicação: Edifícios, locais públicos, mapas, guias de viagem, diagramas de orientação.
Origem do exemplo: OMT

Entrada

Uso: Indicar e identificar a localização de uma entrada.
Conteúdo da imagem: Bordas de um diagrama vistas de cima, com duas portas de vaivém em um dos lados. As portas mostram-se parcialmente abertas para dentro, com a ponta de uma seta na abertura.
Aplicação: Edifícios, locais públicos, mapas, guias de viagem, diagramas de orientação, veículos.
Origem do exemplo: ISO 7001

Saída

Uso: Indicar e identificar a localização de uma saída.
Conteúdo da imagem: Bordas de um diagrama vistas de cima, com duas portas de vaivém em um dos lados. As portas mostram-se parcialmente abertas para fora, com a ponta de uma seta na abertura.
Aplicação: Edifícios, locais públicos, mapas, guias de viagem, diagramas de orientação, veículos.
Origem do exemplo: ISO 7001

Saída de emergência

Uso: Indicar e identificar a localização de uma saída de emergência ou do melhor caminho para sair de um local em caso de emergência ou incêndio.
Conteúdo da imagem: Silhueta de uma figura humana correndo para fora de uma porta.
Aplicação: Edifícios, locais públicos, mapas, guias de viagem, diagramas de orientação, veículos.
Origem do exemplo: China

Setas de direção

Uso: Indicar direção.
Conteúdo da imagem: Seta com ponta belga e ângulo com vértice entre 84 e 86°.
Aplicação: Edifícios, locais públicos e veículos.
Origem do exemplo: ISO 7001

Escada

Uso: Exprimir a existência de instalações de acesso por escadarias fixas. Não deve ser utilizado para indicar ou identificar uma escada rolante.
Conteúdo da imagem:
(a) onde não há necessidade de direção: escadaria com duas figuras humanas, uma caminhando para cima e outra para baixo;
(b) para escadas com trânsito restrito "para baixo": escadaria com uma figura humana caminhando para baixo;
(c) para escadas com trânsito restrito "para cima": escadaria com uma figura humana andando para cima;
Aplicação: Edifícios, locais públicos, veículos.
Origem do exemplo: ISO 7001

Elevador

Uso: Indicar e identificar a localização de um elevador público.
Conteúdo da imagem: Cabina de elevador dentro de seu poço mostrando diversos botões de pressão dentro dela. Seta indicando "para cima" em cima da cabina e seta indicando "para baixo" abaixo da cabina.
Aplicação: Edifícios, locais públicos, diagramas de orientação.
Origem do exemplo: ISO 7001

Entrada proibida

Uso: Proibir a entrada em uma rua, estrada, caminho, trilha ou um local, corredor, sala, etc.
Conteúdo da imagem: Círculo vermelho com faixa branca no meio.
Aplicação: Edifícios, locais públicos, ruas e estradas, diagramas de orientação, veículos, salas, corredores, etc.
Origem do exemplo: Convenção sobre Signos e Sinais Rodoviários, ICAO/IMO.

Sanitário (Unissex)

Uso: Indicar a entrada de um sanitário público para homens e mulheres (unissex).
Conteúdo da imagem: Figuras humanas de um homem e uma mulher em perspectiva frontal, separadas por uma linha.
Aplicação: Edifícios, locais públicos, diagramas de orientação, veículos.
Origem do exemplo: Portugal

Sanitário (Masculino)

Uso: Indicar a entrada de um sanitário público para homens.
Conteúdo da imagem: Figura de um homem em perspectiva frontal.
Aplicação: Edifícios, locais públicos, diagramas de orientação, veículos.
Origem do exemplo: ICAO/IMO

Sanitário (Feminino)

Uso: Indicar a entrada de um sanitário público para mulheres.
Conteúdo da imagem: Figura de uma mulher em perspectiva frontal.
Aplicação: Edifícios, locais públicos, diagramas de orientação, Veículos.
Origem do exemplo: ICAO/IMO

Extintor de incêndio

Uso: Indicar a localização de um extintor e incêndio e/ou identificar um extintor de incêndio.
Conteúdo da imagem: Extintor de incêndio cilíndrico com cânula adjacente às chamas.
Aplicação: Edifícios, instalações de transporte público, pontes, túneis, áreas de recreação.
Origem do exemplo: ISO 7001

Alarme de incêndio

Uso: Indicar a localização de um alarme de incêndio e/ou identificar um alarme de incêndio.
Conteúdo da imagem: Mão apertando um botão adjacente às chamas.
Aplicação: Edifícios, instalações de transporte público, pontes, túneis, áreas de recreação.
Origem do exemplo: China

Mangueira de incêndio

Uso: Indicar a localização de uma mangueira de incêndio e/ou identificar uma mangueira de incêndio.
Conteúdo da imagem: Um diagrama quadrado representando uma mangueira de incêndio enrolada.
Aplicação: Edifícios, instalações de transporte público, pontes, túneis, áreas de recreação.
Origem do exemplo: AH&MA

Telefone de incêndio

Uso: Indicar a localização de um telefone para alarme de incêndio e/ou para identificar um telefone para alarme de incêndio.
Conteúdo da imagem: Um diagrama quadrado com o contorno de um auscultador de telefone.
Aplicação: Edifícios, instalações de transporte público, pontes, túneis, áreas de recreação.
Origem do exemplo: AH&MA

Telefone

Uso: Expressar a existência de instalações para comunicação por telefone.
Conteúdo da imagem: Contorno de um auscultador de telefone.
Aplicação: Edifícios, locais públicos, mapas de orientação, veículos.
Origem do exemplo: ISO 7001

Instalações de fax/Internet

Uso: Exprimir a existência de instalações para comunicação por fax ou Internet.

Conteúdo da imagem:

1. Contorno de uma antena e um auscultador de telefone;
2. Contorno de um auscultador de telefone com um *flash* elétrico (exemplo);
3. Globo terrestre com setas azuis (internacional).

Aplicação: Edifícios, locais públicos, mapas de orientação.

Origem do exemplo: Portugal, ícone da Internet.

Instalações de serviços postais

Uso: Exprimir ou indicar o local onde podem ser encontradas instalações de serviços postais.

Conteúdo da imagem: Diagrama de um envelope selado com duas linhas representando um endereço.

Aplicação: Edifícios, locais públicos, mapas de orientação.

Origem do exemplo: ICAO/IMO

Telegrama/Telex

Uso: Exprimir ou indicar o local onde podem ser encontradas instalações de serviços de telegrama/telex.

Conteúdo da imagem: Diagrama de um envelope selado com um *flash* elétrico.

Aplicação: Edifícios, locais públicos, mapas de orientação.

Origem do exemplo: ICAO/IMO

Banco ou casa de câmbio

Uso: Exprimir ou indicar a localização de um banco ou uma casa de câmbio onde se pode trocar moeda estrangeira.

Conteúdo da imagem: Cédula com números conforme a moeda que se deseja representar e três moedas arrumadas aleatoriamente, cada uma com um número diferente (isto é, 25, 10 e 5).

Aplicação: Edifícios, locais públicos, mapas de orientação.

Origem do exemplo: ICAO/IMO

Água potável (da torneira)

Uso: Exprimir a existência de água potável (da torneira).
Conteúdo da imagem: Torneira sobre copo contendo água, a qual é indicada por linhas onduladas.
Aplicação: Edifícios, locais públicos, diagramas de orientação, veículos.
Origem do exemplo: ISO 7001

Primeiros socorros

Uso: Indicar o local onde há serviços (ou mesmo *kits*) de primeiros socorros ou onde há disponibilidade de médico.
Conteúdo da imagem: Mão humana com dedo enfaixado ao lado de uma cruz ou outro emblema apropriado, em cor verde ou vermelha.
Aplicação: Edifícios, locais públicos, guias de viagem, diagramas de orientação, veículos.
Origem do exemplo: China

Farmácia/Drogaria

Uso: Indicar a localização de uma farmácia ou drogaria (onde há medicamentos à venda).
Conteúdo da imagem: Caduceu de Esculápio mostrando uma cobra ao redor de uma haste, em perspectiva lateral, em uma cruz dupla plana.
Aplicação: Edifícios, locais públicos, mapas, diagramas de orientação.
Origem do exemplo: China (Macau)

Hospital

Uso: Indicar onde há disponibilidade de serviço médico permanente e/ou identificar o edifício de um hospital e a área ligada a ele.
Conteúdo da imagem: Cama com o contorno de uma cruz ou meia-lua sobre ela (ou outro emblema utilizado no país).
Aplicação: Edifícios, locais públicos, mapas, guias de viagem, diagramas de orientação.
Origem do exemplo: ISO 7001

Garagem/Automecânica

Uso: Exprimir a disponibilidade de combustível e serviço de mecânica.
Conteúdo da imagem: Contorno de uma chave inglesa ajustável.
Aplicação: Edifícios, locais públicos, mapas, guias de viagem, diagramas de orientação.
Origem do exemplo: Portugal

Posto de gasolina

Uso: Exprimir a disponibilidade de combustível.
Conteúdo da imagem: Bomba de combustível com mangueira para mostrar diferentes tipos de combustível (combustível deschumbado).
Aplicação: Edifícios, locais públicos, mapas, guias de viagem, diagramas de orientação.
Origem do exemplo: ISO 7001

Polícia/Polícia turística

Uso: Indicar e identificar a localização de uma delegacia de polícia ou de um local onde se pode encontrar um policial ou policial turístico.
Conteúdo da imagem: Policial com uniforme, em perspectiva frontal.
Aplicação: Edifícios, locais públicos, mapas, guias de viagem, diagramas de orientação.
Origem do exemplo: Argentina
Comentário: Em alguns países, apenas o logotipo de polícia turística é utilizado.

Passaporte/Imigração

Uso: Indicar e identificar a localização de uma cabine ou posto de checagem de passaporte ou de imigração.
Conteúdo da imagem: Figura humana de um agente de polícia segurando um passaporte.
Aplicação: Locais públicos, diagramas de orientação.
Origem do exemplo: ICAO/IMO

Alfândega

Uso: Indicar e identificar a localização de alfândega.
Conteúdo da imagem: Figura humana de um agente de polícia inspecionando bagagem aberta.
Aplicação: Locais públicos, diagramas de orientação.
Origem do exemplo: Argentina

Achados e perdidos

Uso: Indicar e identificar o local onde objetos perdidos podem ser registrados ou objetos que foram encontrados podem ser reivindicados.
Conteúdo da imagem: Luva, guarda-chuva com etiqueta mostrando um ponto de interrogação e maleta de mão.
Aplicação: Edifícios e locais públicos, diagramas de orientação.
Origem do exemplo: ISO 7001

Permitido fumar

Uso: Exprimir a área onde é permitido fumar.
Conteúdo da imagem: Cigarro com fumaça.
Aplicação: Edifícios, locais públicos, serviços, veículos.
Origem do exemplo: ISO 7001

Proibido fumar

Uso: Exprimir a área onde é proibido fumar.
Conteúdo da imagem: Cigarro com fumaça, com uma barra de corte no sentido diagonal.
Aplicação: Edifícios, locais públicos, serviços, veículos.
Origem do exemplo: IMO/ICAO

Cães/animais de estimação na coleira

Uso: Indicar a possibilidade de andar ou fazer *cooper* com animais de estimação e cães na coleira.
Conteúdo da imagem: Figura humana em perspectiva lateral com a figura de um cão na coleira em perspectiva lateral.
Aplicação: Edifícios, locais públicos, guias de viagem, diagramas de orientação.
Origem do exemplo: AH&MA

Proibida a presença de cães

Uso: Indicar que não é permitida a presença de cães.
Conteúdo da imagem: Figura de um cão em perspectiva lateral com uma barra de proibição.
Aplicação: Edifícios, locais públicos, guias, diagramas de orientação, veículos.
Origem do exemplo: Áustria

Silêncio

Uso: Exprimir a necessidade de silêncio em um santuário ou local específico.
Conteúdo da imagem: Uma mão com um dedo sobre os lábios.
Aplicação: Edifícios, santuários, corredores, locais específicos.
Origem do exemplo: China

Escola/Jardim da infância

Uso: Indicar a existência de uma escola e alertar os motoristas sobre a presença de crianças.
Conteúdo da imagem: Figura de duas crianças correndo (figura de um menino e uma menina em perspectiva lateral) com material escolar.
Aplicação: Rua e locais públicos.
Origem do exemplo: Portugal

Zona ou rua de pedestre

Uso: Indicar a existência de uma zona ou rua onde carros particulares são proibidos e os visitantes têm de caminhar.
Conteúdo da imagem: Figura de adultos e crianças andando, em perspectiva frontal.
Aplicação: Rua e locais públicos, diagramas de orientação, mapas.
Origem do exemplo: Portugal, China (Macau)

Área para piquenique/Fogueira/Recreação ao ar livre

Uso: Indicar um local de recreação ao ar livre ou um local, em uma estrada ou área de descanso de rodovia, onde há possibilidade de fazer piquenique com ou sem fogo.
Conteúdo da imagem: Mesa ao ar livre, em perspectiva lateral, com uma fogueira, caso exista, ou uma mesa com a figura de pessoa sentada.
Aplicação: Estradas e rodovias, áreas de recreação ao ar livre, mapas, guias de viagem, diagramas de orientação.
Origem do exemplo: Argentina (1); Áustria (2).

1

2

Proibido fazer fogueira

Uso: Indicar local no qual é proibido fazer fogueira para piquenique ou outras atividades.
Conteúdo da imagem: Círculo com lenha para fogueira em chamas.
Aplicação: Estradas e rodovias, áreas de recreação ao ar livre, mapas, guias de viagem, diagramas de orientação.
Origem do exemplo: Áustria

Área de descanso

Uso: Indicar um local de recreação ao ar livre ou um local na margem de uma estrada ou rodovia onde seja possível descansar, com ou sem instalações para piquenique.
Conteúdo da imagem: Espreguiçadeira.
Aplicação: Estradas e rodovias, áreas de recreação ao ar livre, guias de viagem, diagramas de orientação.
Origem do exemplo: Portugal

Playground

Uso: Indicar a existência de um *playground* ao ar livre ou de um local à beira de uma estrada ou rodovia com instalações para adultos e crianças jogarem/brincarem.
Conteúdo da imagem: Balanço, em perspectiva lateral, com figuras humanas de crianças ou adultos.
Aplicação: Estradas e rodovias, áreas de recreação ao ar livre, mapas, guias de viagem, diagramas de orientação.
Origem do exemplo: Áustria

Alarme de emergência

Uso: Indicar a localização e/ou identificar um alarme de emergência.
Conteúdo da imagem: SOS em letras latinas de forma e maiúsculas.
Aplicação: Edifícios, instalações de transportes públicos, pontes, túneis, áreas de recreação.
Origem do exemplo: China

Telefone de emergência

Uso: Indicar a localização e/ou identificar um telefone de emergência
Conteúdo da imagem: Um auscultador de telefone adjacente ao SOS em letras latinas de forma e maiúsculas.
Aplicação: Edifícios, instalações de transporte públicos, pontes, túneis, áreas de recreação.
Origem do exemplo: China

Perigo/Advertência

Uso: Advertir ou indicar condições perigosas.
Conteúdo da imagem: Ponto de exclamação.
Aplicação: Estradas e rodovias, litoral, áreas de recreação ao ar livre.
Origem do exemplo: Nova Zelândia

Água em condições perigosas

Uso: Advertir sobre as condições perigosas da água.
Conteúdo da imagem: Ponto de exclamação acima de duas linhas onduladas.
Aplicação: Estradas e rodovias, litoral, áreas de recreação ao ar livre.
Origem do exemplo: Nova Zelândia

Câmera de segurança

Uso: Indicar e identificar a localização de uma câmera de segurança ou uma zona com câmeras de segurança.
Conteúdo da imagem: Margens de um diagrama vistas de cima, com duas portas de vaivém em uma das margens. As portas mostram-se parcialmente abertas para fora, com a ponta de uma seta na abertura
Aplicação: Edifícios, locais públicos e veículos de transporte público.
Origem do exemplo: Portugal

Área VIP

Uso: Indicar sala, zona ou lugar cuja entrada é permitida somente para VIPs e pessoas autorizadas.
Conteúdo da imagem: VIP em letra latina de forma e maiúscula.
Aplicação: Terminais de transportes públicos, edifícios, hotéis, centros de convenção ou lugares especiais.
Origem do exemplo: China

Armário masculino

Uso: Indicar e identificar a localização de um armário masculino.
Conteúdo da imagem: Figura masculina e cabide.
Aplicação: Edifícios, locais públicos, diagramas de orientação, veículos.
Origem do exemplo: China

Armário feminino

Uso: Indicar e identificar a localização de um armário feminino.
Conteúdo da imagem: Figura feminina e cabide.
Aplicação: Edifícios, locais públicos, diagramas de orientação, veículos.
Origem do exemplo: China

Estacionamento coberto

Uso: Indicar e identificar a localização de uma área coberta para estacionamento de veículos.
Conteúdo da imagem: Letra "P" maiúscula em estilo *sanserif* sob um símbolo que representa instalação coberta.
Aplicação: Edifícios, locais públicos, *shoppings centers*, mapas, guias de viagem, diagramas de orientação.
Origem do exemplo: Portugal

Proibido estacionar

Uso: Indicar e identificar a localização de uma área para estacionamento de veículos.
Conteúdo da imagem: Letra "P" maiúscula em estilo *sanserif*, com faixa de proibição.
Aplicação: Edifícios, locais públicos, *shopping centers*, mapas, guias de viagem, diagramas de orientação.
Origem do exemplo: Áustria

Visitas guiadas

Uso: Indicar a possibilidade e a localização de visitas guiadas em uma cidade, área turística, parque ou área de recreação ao ar livre.
Conteúdo da imagem: Imagem de uma figura humana, em perspectiva lateral, ao lado de um ônibus, em perspectiva frontal, em que aparece a palavra "TOUR" escrita em letras maiúsculas.
Aplicação: Diagramas de orientação, locais públicos.
Origem do exemplo: Portugal

Lixeira

Uso: Indicar um recipiente no qual se possa jogar lixo.
Conteúdo da imagem: Figura em pé, adjacente a uma lata de lixo. Quatro artigos representando lixo são mostrados caindo dentro da lata.
Aplicação: Edifícios, locais públicos, mapas, guias de viagem, diagramas de orientação, veículos.
Origem do exemplo: Variante da ISO 7001

Proibido jogar lixo

Uso: Indicar a proibição de jogar lixo.
Conteúdo da imagem: Mão sobre um lixo com duas faixas proibitivas diagonais, em forma de X.
Aplicação: Edifícios, locais públicos, mapas, guias de viagem, diagramas de orientação, veículos.
Origem do exemplo: ISO 7001

Símbolo internacional de acesso para pessoas com deficiências

Uso: Indicar a possibilidade de acesso para pessoas com mobilidade limitada a um local, saguão, sala, banheiro ou sanitário, etc.
Conteúdo da imagem: Figura humana sentada em uma cadeira de rodas, em perspectiva lateral.
Aplicação: Edifícios, locais públicos, mapas, guias de viagem, diagramas de orientação, veículos.
Origem do exemplo: Reabilitação Internacional (RI)

Acessível para usuários de cadeira de rodas, com assistência

Uso: Indicar a possibilidade de acesso para pessoas com mobilidade limitada a um local, saguão, sala, banheiro ou sanitário, etc., com a assistência de outra pessoa.
Conteúdo da imagem: Figura humana em pé atrás de uma figura humana sentada em uma cadeira de rodas, em perspectiva lateral.
Aplicação: Edifícios, locais públicos, meios de transportes públicos, mapas, guias de viagem, diagramas de orientação.
Origem do exemplo: Variante do símbolo adotado em 1969 pela Reabilitação Internacional (RI).

Acesso para pessoas com dificuldades de locomoção, porém capazes de andar alguns passos e subir até três degraus

Uso: Indicar a possibilidade, para pessoas com mobilidade limitada, porém capazes de caminhar alguns passos e subir até três degraus, de ter acesso a um local, saguão, sala, banheiros ou sanitários, etc.
Conteúdo da imagem: Figura humana em pé com uma bengala ou um andador.
Aplicação: Edifícios, locais públicos, meios de transportes públicos, guias de viagem, diagramas de orientação.
Origem do exemplo: Proposta da União Européia de Turismo para o Padrão de Acomodação Completamente Acessível.

Acesso para pessoas com dificuldades de locomoção

Uso: Indicar a possibilidade, para pessoas com mobilidade limitada, porém capazes de caminhar com auxílio, de ter acesso a um local, saguão, sala, banheiro ou sanitário, etc.
Conteúdo da imagem: Figura humana em pé com uma ou duas muletas.
Aplicação: Edifícios, locais públicos, meios de transportes públicos, guias de viagem, diagramas de orientação.
Origem do exemplo: Proposta da União Européia de Turismo para o Padrão de Acomodação Completamente Acessível.

Instalações para pessoas com deficiência visual

Uso: Indicar instalações para pessoas com deficiência visual (completa ou parcialmente cega), com ou sem bengala de auxílio, para ter acesso a um local, saguão, sala, banheiros ou sanitários, etc.
Conteúdo da imagem: Desenho seccional de um olho com um corte e com o lado esquerdo rompido.
Aplicação: Edifícios, locais públicos, meios de transportes públicos, guias de viagem, diagramas de orientação.
Origem do exemplo: Proposta da União Européia de Turismo para o Padrão de Acomodação Completamente Acessível.

Instalações para pessoas com deficiência auditiva

Uso: Indicar instalações para que pessoas portadoras de deficiência auditiva (surdo, surdo-mudo, surdo difícil de ser entendido) tenham acesso a um local, saguão, sala, banheiro ou sanitário, etc.
Conteúdo da imagem: Orelha com grande um corte diagonal liso.
Aplicação: Edifícios, locais públicos, meios de transportes públicos, guias de viagem, diagramas de orientação.
Origem do exemplo (1): Proposta da União Européia de Turismo para o Padrão de Acomodação Completamente Acessível.
Origem do exemplo (2): ISO 7001
Comentário: Símbolo internacional utilizado para mostrar disponibilidade de modos de sensibilização para esses visitantes. Também é utilizado para mostrar que funcionários apresentam habilidades para auxiliar pessoas surdas ou que há outras instalações para esse público.

Permitida a entrada de cães-guia de cegos

Uso: Indicar a possibilidade de pessoas com deficiências auxiliadas por um cão-guia terem acesso a um local ou estabelecimento.
Conteúdo da imagem: Figura humana em pé auxiliada por um cão-guia em uma coleira.
Aplicação: Edifícios, locais públicos, meios de transportes públicos, guias de viagem, diagramas de orientação.
Origem do exemplo: Proposta da União Européia de Turismo para o Padrão de Acomodação Completamente Acessível.

Informação em braile

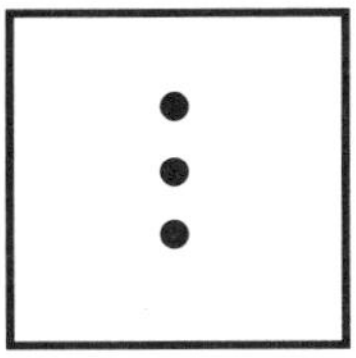

Uso: Indicar a existência de informação em braile para pessoas portadoras de deficiência visual (cega ou com visão parcial).
Conteúdo da imagem: Diagrama fechado com letras do alfabeto braile.
Aplicação: Edifícios, locais públicos, meios de transporte público, guias de viagem, diagramas de orientação.
Origem do exemplo: Proposta da União Européia de Turismo para o Padrão de Acomodação Completamente Acessível.

Instalações para idosos

Uso: Indicar a existência de instalações para pessoas idosas.
Conteúdo da imagem: Figura humana curvada com bengala.
Aplicação: Edifícios, locais públicos, meios de transportes públicos, diagramas de orientação.
Origem do exemplo: Proposta da ALPE

Instalações para gestantes

Uso: Indicar a existência de instalações para gestantes.
Conteúdo da imagem: Figura humana de uma mulher gestante em perspectiva lateral.
Aplicação: Edifícios, locais públicos, meios de transportes públicos, diagramas de orientação.
Origem do exemplo: Proposta da ALPE

Instalações para mulheres com bebês

Uso: Indicar a existência de instalações para mulheres com bebês.
Conteúdo da imagem: Figura humana de uma mulher segurando um bebê, em perspectiva frontal.
Aplicação: Edifícios, locais públicos, meios de transportes públicos, diagramas de orientação.
Origem do exemplo: Proposta da ALPE

Instalações para pessoas com problemas cardíacos

Uso: Indicar a existência de instalações para pessoas com problemas cardíacos.
Conteúdo da imagem: Figura humana plana com um círculo branco no coração, em perspectiva frontal.
Aplicação: Edifícios, locais públicos, meios de transportes públicos, diagrama de orientação.
Origem do exemplo: Prosposta da ALPE

Instalações para pessoas com deficiência mental

Uso: Indicar a existência de instalações para pessoas com deficiência mental.
Conteúdo da imagem: Figura humana plana com um círculo branco na cabeça, em perspectiva frontal.
Aplicação: Edifícios, locais públicos, meios de transportes públicos, diagramas de orientação.
Origem do exemplo: Proposta da ALPE

EQUIPAMENTOS E INSTALAÇÕES TURÍSTICAS

A. Lista de Referentes

1. Acomodação
2. Restaurante
3. Hotel
4. Motel
5. Apartamento turístico
6. Área de *camping*
7. Proibido acampar
8. Área para *trailer*
9. Ponto de energia elétrica
10. Albergue da juventude
11. Pousada/Estabelecimento de turismo rural
12. Refúgio de montanha ou outro refúgio
13. Cassino
14. Mahjong*
15. Baralho e xadrez
16. Instalações para conferência
17. Sala de conferência/reunião
18. Salão de festas
19. Centro comercial e empresarial
20. Danceteria/Salão de baile
21. Karaokê
22. Bar
23. Restaurante temático nacional
24. Lanchonete
25. Casa de chá/*Coffee shop*
26. Piscina
27. Sauna
28. Massagem
29. *Check-in/out* ou recepção
30. Somente café da manhã
31. Instalações para crianças
32. Cabelereiro/Salão de beleza/Barbearia
33. Lavagem a seco
34. Serviço de lavanderia
35. Serviço de quarto

* N. T.: De origem chinesa, jogo para quatro pessoas, no qual 144 pedras são escolhidas e descartadas até que um dos jogadores tenha um jogo ganhador.

B. Descrição dos Referentes

Acomodação

Uso: Indicar e identificar o local onde há disponibilidade de acomodação temporária ou onde esta pode ser reservada.
Conteúdo da imagem: Figura de uma pessoa dormindo na cama.
Aplicação: Edifícios, serviços, locais públicos, mapas, guias de viagem, diagramas de orientação.
Origem do exemplo: ISO 7001

Restaurante

Uso: Indicar um estabelecimento de alimentação no qual há possibilidade de adquirir refeições quentes e frias e o qual tem permissão para servir vinho e outras bebidas alcoólicas.
Conteúdo da imagem: Garfo e faca cruzados na diagonal.
Aplicação: Edifícios, serviços, locais públicos, mapas, guias de viagem, diagramas de orientação.
Origem do exemplo: ISO 7001

Hotel

Uso: Indicar e identificar o local onde existe um hotel ou onde pode ser feita reserva para um estabelecimento desse tipo.
Conteúdo da imagem: Figura humana dormindo em uma cama, em uma construção coberta.
Aplicação: Edifícios, serviços, locais públicos, mapas, guias de viagem, diagramas de orientação.
Origem do exemplo: Argentina

Motel

Uso: Indicar e identificar o local onde existe um motel ou onde pode ser feita reserva para um estabelecimento desse tipo.
Conteúdo da imagem: Cama sob um lado de uma construção coberta e carro particular do outro.
Aplicação: Edifícios, serviços, locais públicos, mapas, guias de viagem, diagramas de orientação.
Origem do exemplo: Argentina

Apartamento turístico

Uso: Indicar e identificar o local onde há um apartamento turístico ou onde pode ser feita reserva para um estabelecimento desse tipo.
Conteúdo da imagem: Figura humana dormindo em uma cama sob uma construção coberta com um A maiúsculo, ou um A maiúsculo sobre uma faixa branca.
Aplicação: Edifícios, serviços, locais públicos, mapas, guias de viagem, diagramas de orientação.
Origem do exemplo: Portugal

Área de *camping*

Uso: Indicar a localização de uma área de *camping.*
Conteúdo da imagem: Barraca com porta em perspectiva frontal.
Aplicação: Áreas de recreação ao ar livre, mapas, guias de viagem, diagramas de orientação.
Origem do exemplo: Áustria

Proibido acampar

Uso: Proibir a prática de *camping.*
Conteúdo da imagem: Barraca com porta, em perspectiva frontal, com um corte de proibição.
Aplicação: Áreas de recreação ao ar livre, diagramas de orientação.
Origem do exemplo: Áustria

Área para *trailer*

Uso: Indicar a localização de uma área para *trailer.*
Conteúdo da imagem: *Trailer* em perspectiva lateral.
Aplicação: Áreas de recreação ao ar livre, mapas, guias de viagem, diagramas de orientação.
Origem do exemplo: China (Macau)

Ponto de energia elétrica

Uso: Indicar a disponibilidade de pontos de energia elétrica em uma área de *camping* ou de recreação ao ar livre.
Conteúdo da imagem: Plugue (em perspectiva frontal) e tomada (em perspectiva lateral).
Aplicação: Áreas de recreação ao ar livre, mapas, guias de viagem, diagramas de orientação.
Origem do exemplo: Portugal

Albergue da juventude

Uso: Indicar a localização de um albergue da juventude.
Conteúdo da imagem: Desenho linear de uma casa com uma árvore.
Aplicação: Áreas de recreação ao ar livre, mapas, guias de viagem, diagramas de orientação.
Origem do exemplo: Federação Internacional de Albergues da Juventude.

Pousada/Estabelecimento de turismo rural

Uso: Indicar a localização de uma pousada ou estabelecimento de turismo rural.
Conteúdo da imagem: Desenho da silhueta de uma casa.
Aplicação: Áreas de recreação ao ar livre, mapas, guias de viagem, diagramas de orientação.
Origem do exemplo: China (Macau)

Refúgio de montanha ou outro refúgio

Uso: Indicar a localização de um refúgio de montanha ou de outro tipo de refúgio.
Conteúdo da imagem: Desenho linear de um abrigo com uma figura humana em frente a uma chaminé0
Aplicação: Áreas de recreação ao ar livre, mapas, guias de viagem, diagramas de orientação.
Origem do exemplo: Argentina

Cassino

Uso: Indicar e identificar a localização de um cassino.
Conteúdo da imagem: Desenho linear de duas cartas de baralho (ases).
Aplicação: Edifícios, serviços, locais públicos, mapas, guias de viagem, diagramas de orientação.
Origem do exemplo: Argentina

Mahjong

Uso: Indicar e identificar a localização de uma sala de mahjong.
Conteúdo da imagem: Desenho linear de dois dados.
Aplicação: Edifícios, serviços, diagramas de orientação.
Origem do exemplo: China

Baralho e xadrez

Uso: Indicar e identificar a localização de uma sala onde há possibilidade de jogar xadrez e cartas.
Conteúdo da imagem: Símbolos de baralho e de xadrez.
Aplicação: Edifícios, serviços, diagramas de orientação.
Origem do exemplo: China

Instalações para conferências

Uso: Indicar e identificar a localização de um centro de conferência ou de instalações para eventos.
Conteúdo da imagem: Uma sala de reuniões com figuras humanas sentadas.
Aplicação: Edifícios, serviços, diagramas de orientação, mapas, guias de viagem.
Origem do exemplo: Portugal

Sala de conferência/reunião

Uso: Indicar e identificar a localização e disponibilidade de uma sala de conferência ou reunião.
Conteúdo da imagem: Quatro figuras de tronco humano ao redor de uma mesa.
Aplicação: Edifícios, serviços, diagramas de orientação.
Origem do exemplo: Portugal

Salão de festas

Uso: Indicar e identificar a localização de um salão de festas.
Conteúdo da imagem: Três figuras de tronco humano ao redor de uma mesa com um garfo e uma colher sobre ela.
Aplicação: Edifícios, diagramas de orientação.
Origem do exemplo: Portugal

Centro comercial e empresarial

Uso: Indicar e identificar a localização de um centro comercial e empresarial.
Conteúdo da imagem: Desenho linear de uma máquina de escrever com uma folha escrita.
Aplicação: Locais públicos, edifícios, diagramas de orientação.
Origem do exemplo: China

Danceteria/Salão de baile

Uso: Indicar e identificar a localização de uma danceteria ou de um salão de baile.
Conteúdo da imagem: Figuras humanas masculina e feminina dançando.
Aplicação: Edifícios, serviços, locais públicos, diagramas de orientação, mapas, guias de viagem.
Origem do exemplo: China

Karaokê

Uso: Indicar e identificar a localização de um bar de karaokê ou um local onde possa se encontrar karaokê.
Conteúdo da imagem: Mão segurando um microfone e clave de sol.
Aplicação: Edifícios, serviços, locais públicos, diagramas de orientação, mapas, guias de viagem.
Origem do exemplo: China

Bar

Uso: Indicar e identificar a localização de um bar (autorizado ou não).
Conteúdo da imagem: Desenho linear de um drinque.
Aplicação: Edifícios, serviços, locais públicos, diagramas de orientação, mapas, guias de viagem.
Origem do exemplo: ICAO/IMO

Restaurante temático nacional

Uso: Indicar e identificar a localização de um equipamento de alimentação onde são servidos pratos temáticos nacionais quentes e frios, seja ele autorizado ou não.
Conteúdo da imagem: Depende da cultura local ou nacional. Na China, por exemplo, é designado por uma tigela de sopa e dois palitos.
Aplicação: Edifícios, serviços, locais públicos, diagramas de orientação, mapas, guias de viagem.
Origem do exemplo: China

Lanchonete

Uso: Indicar ou identificar a localização de um equipamento de alimentação onde refeições quentes e frias são servidas com rapidez, seja ele autorizado ou não.
Conteúdo da imagem: Um copo com refrigerante e um hambúrguer.
Aplicação: Edifícios, serviços, locais públicos, diagramas de orientação, mapas, guias de viagem.
Origem do exemplo: China

Casa de chá/Cafeteria

Uso: Indicar e identificar a localização de uma cafeteria ou de uma casa de chá, onde são servidas bebidas quentes e frias.
Conteúdo da imagem: Desenho linear de uma xícara de café ou chá com três linhas para cima, simbolizando o calor da bebida.
Aplicação: Edifícios, serviços, locais públicos, diagramas de orientação, mapas.
Origem do exemplo: China

Piscina

Uso: Indicar ou identificar a localização de um local ou piscina pública em que se possa nadar ou uma piscina particular em um estabelecimento de hospedagem.
Conteúdo da imagem: Depende da cultura nacional ou local, sendo geralmente uma figura humana em um trampolim, sobre três ondas.
Aplicação: Edifícios, serviços, locais públicos, diagramas de orientação, mapas.
Origem do exemplo: China (Macau)

Sauna

Uso: Indicar e identificar a localização de uma sauna ou a localização de uma sauna em um equipamento de hospedagem.
Conteúdo da imagem: Figura humana sentada em frente a um aquecedor.
Aplicação: Edifícios, serviços, diagramas de orientação.
Origem do exemplo: China

Massagem

Uso: Indicar e identificar a localização de um salão de massagem ou do local onde se pode fazer massagem em um equipamento de hospedagem.
Conteúdo da imagem: Figura humana deitada em uma mesa de massagem com um tronco humano fazendo massagem.
Aplicação: Edifícios, serviços, diagramas de orientação.
Origem do exemplo: China

Check-in/out ou recepção

Uso: Indicar e identificar o local da recepção ou do balcão de *check-in* em um equipamento de hospedagem.
Conteúdo da imagem: Tronco humano atrás de um balcão e outra figura humana esperando com bagagem no chão.
Aplicação: Edifícios, serviços, diagramas de orientação.
Origem do exemplo: China

Somente café da manhã

Uso: Indicar que o equipamento de hospedagem serve apenas café da manhã.
Conteúdo da imagem: Xícara de café e porta-ovos.
Aplicação: Edifícios, serviços, diagramas de orientação.
Origem do exemplo: Portugal

Instalações para crianças

Uso: Indicar ou identificar instalações para crianças/bebês.
Conteúdo da imagem: Desenho linear de um carrinho de bebê.
Aplicação: Edifícios, serviços, diagramas de orientação.
Origem do exemplo: Áustria

Cabelereiro/Salão de beleza/Barbearia

Uso: Indicar e identificar instalações de cabelereiro, salão de beleza ou barbearia em um local público ou em um equipamento de hospedagem.
Conteúdo da imagem: Desenho linear de uma tesoura e um pente.
Aplicação: Edifícios, serviços, diagramas de orientação.
Origem do exemplo: China

Lavagem a seco

Uso: Indicar e identificar instalações de lavagem a seco em um local público ou em um equipamento de hospedagem.
Conteúdo da imagem: Desenho linear de uma camisa ou casaco sendo secado.
Aplicação: Edifícios, serviços, diagramas de orientação.
Origem do exemplo: China

Serviço de lavanderia

Uso: Indicar ou identificar instalações de lavanderia em um local público ou em um equipamento de hospedagem.
Conteúdo da imagem: Desenho linear de uma camisa ou casaco sendo lavado.
Aplicação: Edifícios, serviços, diagramas de orientação.
Origem do exemplo: China

Serviço de quarto

Uso: Indicar a existência de serviço de quarto em um estabelecimento de hospedagem.
Conteúdo da imagem: Figura humana segurando uma travessa com comida e bebida, em perspectiva lateral, em um corredor.
Aplicação: Edifícios, serviços, diagramas de orientação.
Origem do exemplo: China

TRANSPORTE PÚBLICO E PARA VISITANTES

A. Lista de Referentes

(a) Símbolos recomendados pela ICAO/IMO

Os símbolos padronizados pela ISO 7001 e os símbolos recomendados pela ICAO/ IMO que coincidem com o padrão ISO 7001 não estão incluídos nesta seção:

1. Área de retirada de bagagem
2. Carrinho de bagagem
3. Armários para bagagem
4. Trem
5. Aluguel de automóvel/Reserva de automóvel
6. Área de compras
7. Variante 1: Flores (China)
8. Berçário/Fraldário
9. Reserva de hotel
10. Proibidas armas a bordo
11. Chegadas (aeroportos)
12. Chegadas (portos marítimos)
13. Partidas (aeroportos)
14. Partidas (portos marítimos)
15. Conexão de vôos
16. Pedestres
17. Carros
18. Caminhões

(b) Símbolos padronizados pela ISO 7001 (coincidentes com os símbolos recomendados pela ICAO/ IMO)

19. Helicóptero
20. Bonde de rua
21. Ônibus
22. Táxi
23. Sala de espera
24. Aeronave
25. Barco
26. Guarda-volumes

(c) Outros padrões ISO 7001 relacionados com transporte público e de visitantes

27. Bondinho de grande capacidade
28. Bondinho de pequena capacidade
29. Trem funicular/Cremalheira
30. Teleférico
31. Fechar barra de segurança por cima
32. Abrir barra de segurança por cima
33. Fechar barra de segurança
34. Abrir barra de segurança
35. Fila dupla
36. Fila tripla
37. Levantar a ponta dos esquis
38. Cabo para transporte de esquiadores
39. Banho
40. Ducha
41. Bilhete/Ingresso
42. Teleférico com cadeira dupla
43. Teleférico com cadeira tripla
44. Teleférico com cadeira quádrupla
45. Fila quádrupla

46. Passageiros a pé devem descer
47. Esquiadores devem descer
48. Declive íngreme na pista do cabo para transporte de esquiadores

(d) Outros símbolos de transportes (projetados por órgãos internacionais e nacionais)

49. Meios de transporte antigos
50. Trem de alta velocidade
51. Estação de metrô
52. Pista de pouso ou aterrissagem
53. Ponto de encontro
54. Local de oração
55. Porto marítimo
56. Barcos de passeio
57. Ancoradouro
58. Ponto de amarração
59. Lançamento de barcos à água

B. Descrição dos Referentes

Área de retirada de bagagem

Uso: Indicar o local, em um aeroporto ou qualquer sistema de transporte, de distribuição da bagagem.
Conteúdo da imagem: Uma mala disposta em uma esteira transportadora.
Aplicação: Locais públicos, diagramas de orientação.
Origem do exemplo: ICAO/IMO

Carrinho de bagagem

Uso: Indicar a existência e mostrar a localização de carrinhos de bagagem em um aeroporto, porto marítimo ou qualquer outro sistema de transporte público.
Conteúdo da imagem: Carrinho de bagagem com uma mala, em perspectiva lateral.
Aplicação: Locais públicos, diagramas de orientação.
Origem do exemplo: ICAO/IMO

Armários para bagagem

Uso: Indicar a existência e a localização de armários para bagagem em um aeroporto, porto ou qualquer outro sistema de transporte público.
Conteúdo da imagem: Armário para bagagem com bagagem dentro, sob uma chave.
Aplicação: Locais públicos, diagramas de orientação.
Origem do exemplo: ICAO/IMO

Trem

Uso: Indicar a localização de uma estação ferroviária.
Conteúdo da imagem: Trem em perspectiva frontal ou lateral.
Aplicação: Locais públicos, ruas e estradas, diagramas de orientação, guias de viagem, mapas, quadros de horários.
Origem do exemplo: ICAO/IMO

Aluguel de automóvel/Reserva de automóvel

Uso: Indicar a possibilidade de alugar um carro, a existência e a localização de uma cabine de reserva de veículos.
Conteúdo da imagem: Desenho linear de uma chave sobre um carro, em perspectiva frontal.
Aplicação: Edifícios, locais públicos, ruas e estradas, diagramas de orientação, veículos, salas, corredores, etc.
Origem do exemplo: ICAO/IMO
Comentário: Um "i" pode ser adicionado ao símbolo da chave.

Área de compras

Uso: Indicar a existência e la ocalização de um centro de compras em um terminal de transporte público.
Conteúdo da imagem: Livro estilizado e desenho de um jornal.
Aplicação: Edifícios, locais públicos, diagramas de orientação.
Origem do exemplo: ICAO/IMO

Variante 1: Flores (China)

Uso: Indicar a existência e a localização de um centro de compras, com uma floricultura, em um terminal de transporte público.
Conteúdo da imagem: Desenho estilizado de uma flor.
Aplicação: Edifícios, locais públicos, diagramas de orientação.
Origem do exemplo: China

Berçário/Fraldário

Uso: Indicar a existência e a localização de um berçário ou fraldário em um local público (geralmente aeroporto, porto marítimo, terminal ferroviário ou rodoviário).
Conteúdo da imagem: Desenho de uma mamadeira.
Aplicação: Locais públicos, diagramas de orientação, veículos.
Origem do exemplo: ICAO/IMO
Comentário: Em alguns países, a imagem contém uma figura humana feminina cuidando de um bebê.

Reserva de hotel

Uso: Indicar a possibilidade, a existência e a localização de uma cabine de reserva de hotel.
Conteúdo da imagem: Ponto de interrogação sobre uma cama, em perspectiva lateral.
Aplicação: Locais públicos, diagramas de orientação.
Origem do exemplo: ICAO/IMO
Comentário: O ponto de interrogação "?" pode ser substituído por um "i" ou "*i*".

Proibidas armas a bordo

Uso: Proibir a entrada com armas a bordo.
Conteúdo da imagem: Círculo vermelho com uma faixa da mesma cor no meio, ao redor de uma faca e uma arma portátil.
Aplicação: Aeroportos, portos marítimos.
Origem do exemplo: ICAO/IMO

Chegadas (aeroportos)

Uso: Indicar a zona de chegada do aeroporto.
Conteúdo da imagem: Silhueta de um Boeing aterrissando sobre pista de pouso representada por uma listra abaixo dele.
Aplicação: Terminais aéreos.
Origem do exemplo: ICAO/IMO

Chegadas (portos marítimos)

Uso: Indicar a zona de chegada em um porto.
Conteúdo da imagem: Imagem frontal de um barco ou um quadrado fragmentado com desenhos de linhas onduladas sobre ele, representando a entrada do porto.
Aplicação: Terminais marítimos.
Origem do exemplo: ICAO/IMO

Partidas (aeroportos)

Uso: Indicar a zona de partida de um aeroporto.
Conteúdo da imagem: Desenho da silhueta de um Boeing decolando de uma pista de decolagem representada por uma listra abaixo dele.
Aplicação: Terminais aéreos.
Origem do exemplo: ICAO/IMO

Partidas (portos marítimos)

Uso: Indicar a zona de partida em um porto.
Conteúdo da imagem: Imagem frontal de um barco e um quadrado fragmentado com desenhos de linhas onduladas sobre ele, representando a saída do porto.
Aplicação: Terminais marítimos.
Origem do exemplo: ICAO/IMO

Conexão de vôos

Uso: Mostrar a localização da área de trânsito ou conexão em um aeroporto.
Conteúdo da imagem: Dois aviões conectados por uma linha e figuras humanas andando entre eles.
Aplicação: Terminais aéreos.
Origem do exemplo: ICAO/IMO

Pedestres

Uso: Indicar a trajetória ou caminho para pedestres.
Conteúdo da imagem: Uma figura masculina e feminina em postura de caminhada, sobre uma seta.
Aplicação: Edifícios, locais públicos, ruas e estradas, salas, corredores, etc.
Origem do exemplo: ICAO/IMO

Carros

Uso: Indicar a estrada ou caminho para carros.
Conteúdo da imagem: Imagem frontal de um carro sobre uma seta.
Aplicação: Terminais aéreos, marítimos e estações ferroviárias.
Origem do exemplo: ICAO/IMO

Caminhões

Uso: Proibir a entrada em uma rua, estrada, caminho, trilha ou um local, corredor, etc.
Conteúdo da imagem: Desenho de um caminhão em perspectiva frontal, em ângulo esquerdo.
Aplicação: Terminais aéreos, marítimos e estações ferroviárias.
Origem do exemplo: ICAO/IMO

Helicóptero

Uso: Exprimir a possibilidade de transporte por helicóptero.
Conteúdo da imagem: Helicóptero em perspectiva lateral.
Aplicação: Edifícios, serviços, locais públicos, mapas, guias de viagem e quadros de horários.
Origem do exemplo: ICAO/IMO

Bonde de rua

Uso: Exprimir a possibilidade de transporte por bonde elétrico.
Conteúdo da imagem: Bonde elétrico em perspectiva lateral[3]
Aplicação: Edifícios, serviços, locais públicos, mapas, guias de viagem e quadros de horários.
Origem do exemplo: ISO 7001

Ônibus

Uso: Exprimir a possibilidade de transporte por ônibus.
Conteúdo da imagem: Ônibus em perspectiva lateral.
Aplicação: Edifícios, serviços, locais públicos, mapas, guias de viagem e quadros de horários.
Origem do exemplo: ISO 7001

Táxi

Uso: Exprimir a possibilidade de transporte por táxi.
Conteúdo da imagem: Perspectiva frontal de um táxi com a palavra "TÁXI" incorporada ao símbolo. Para pequenas reproduções, a palavra "TÁXI" pode ser omitida.
Aplicação: Edifícios, serviços, locais públicos, mapas, guias de viagem, quadros de horários, diagramas de orientação.
Origem do exemplo: ISO 7001

Sala de espera

Uso: Exprimir a existência de áreas onde as pessoas podem esperar.
Conteúdo da imagem: Duas pessoas em perspectiva lateral com um relógio acima de suas cabeças.
Aplicação: Edifícios, serviços, locais públicos, mapas, guias de viagem e quadros de horários.
Origem do exemplo: ISO 7001

Barco

Uso: Indicar a localização de uma balsa ou serviços de transporte aquático ou identificar esses serviços.
Conteúdo da imagem: Perspectiva lateral do transporte aquático apropriado.
Aplicação: Edifícios, serviços, locais públicos, mapas, guias de viagem, diagramas de orientação, quadros de horários.
Origem do exemplo: ISO 7001

Aeronave

Uso: Exprimir a localização de um aeroporto.
Conteúdo da imagem: Aeronave em perspectiva plana.
Aplicação: Edifícios, serviços, locais públicos, mapas, guias de viagem, quadros de horários, diagramas de orientação.
Origem do exemplo: ISO 7001

Guarda-volumes

Uso: Indicar um local supervisionado para estoque temporário de bagagem.
Conteúdo da imagem: Quatro bagagens diferentes dispostas em duas prateleiras, de forma organizada.
Aplicação: Edifícios, serviços, locais públicos, mapas, guias de viagem, diagramas de orientação, veículos, salas, corredores, etc.
Origem do exemplo: ISO 7001

Bondinho de grande capacidade

Uso: Indicar e identificar transporte por bondinho onde os passageiros viajam em uma cabine suspensa fechada, de grande capacidade.
Conteúdo da imagem: Grande bondinho retangular com várias janelas, suspenso por um cabo inclinado, em perspectiva lateral.
Aplicação: *Resorts* de esqui e turísticos, letreiros, mapas, guias de viagem, diagramas de orientação.
Origem do exemplo: ISO 7001

Bondinho de pequena capacidade

Uso: Indicar e identificar transporte por bondinho onde os passageiros viajam em uma cabine suspensa fechada de pequena capacidade.
Conteúdo da imagem: Pequeno bondinho hexagonal com uma janela, suspenso por um cabo inclinado, em perspectiva lateral.
Aplicação: *Resorts* de esqui e turísticos, letreiros, mapas, guias de viagem, diagramas de orientação.
Origem do exemplo: ISO 7001

Trem funicular/Cremalheira

Uso: Para indicar transporte por trem funicular/cremalheira em que os passageiros viajam em carros fechados.
Conteúdo da imagem: Vagão de trem funicular/cremalheira.
Aplicação: *Resorts* de esqui e turísticos, letreiros, mapas, guias de viagem, diagramas de orientação.
Origem do exemplo: ISO 7001

Teleférico

Uso: Indicar meio de transporte em que os passageiros viajam sozinhos em cadeiras suspensas.
Conteúdo da imagem: Figura humana sentada em uma cadeira fixada a um cabo suspenso inclinado, em perspectiva lateral.
Aplicação: *Resorts* de esqui e turísticos, letreiros, mapas, guias de viagem, diagramas de orientação.
Origem do exemplo: ISO 7001

Fechar barra de segurança por cima

Uso: Instruir os passageiros a fecharem a barra de segurança por cima, imediatamente após embarcarem.
Conteúdo da imagem: Figura humana sentada em uma cadeira, em perspectiva lateral, fechando a barra de segurança por cima; uma seta indica a direção do movimento.
Aplicação: Teleférico com barras de segurança acima da cabeça.
Origem do exemplo: ISO 7001

Abrir barra de segurança por cima

Uso: Indicar o ponto no qual os passageiros de cadeiras suspensas, se aproximando do ponto de desembarque mais alto ou mais baixo, devem abrir a barra de segurança por cima.
Conteúdo da imagem: Figura humana sentada em uma cadeira, em perspectiva lateral, abrindo uma barra de segurança por cima; uma seta indica a direção do movimento.
Aplicação: Cadeiras suspensas com barras de segurança acima da cabeça.
Origem do exemplo: ISO 7001

Fechar barra de segurança

Uso: Instruir os passageiros a fechar a barra de segurança imediatamente após embarcarem.
Conteúdo da imagem: Cadeira suspensa fixa e barra de segurança em perspectiva frontal; uma seta indica o movimento de fechamento.
Aplicação: Teleférico com barras de segurança.
Origem do exemplo: ISO 7001

Abrir barra de segurança

Uso: Indicar o ponto no qual os passageiros de cadeiras suspensas, se aproximando do ponto de desembarque mais alto ou mais baixo, devem abrir a barra de segurança.
Conteúdo da imagem: Cadeira suspensa fixada e barra de segurança em perspectiva frontal; uma seta indica o movimento de abertura.
Aplicação: Teleférico com barras de segurança.
Origem do exemplo: ISO 7001

Fila dupla

Uso: Instruir os passageiros a formarem fila dupla.
Conteúdo da imagem: Duas figuras humanas desenhadas em formas sólidas em pé, lado a lado, em perspectiva frontal, atrás das quais há o contorno de diversas figuras semelhantes.
Aplicação: Teleférico com cadeira dupla, teleférico para esquiadores com barra em T.
Origem do exemplo: ISO 7001

Fila tripla

Uso: Instruir os passageiros a formarem fila tripla.
Conteúdo da imagem: Três figuras humanas desenhadas em formas sólidas em pé, lado a lado, em perspectiva frontal, atrás das quais há o contorno de diversas figuras semelhantes.
Aplicação: Teleférico com cadeira tripla.
Origem do exemplo: ISO 7001

Levantar a ponta dos esquis

Uso: Indicar o ponto no qual os passageiros devem levantar as pontas dos esquis.
Conteúdo da imagem: Figuras humanas desenhadas em forma sólida sentadas em uma cadeira suspensa, em perspectiva lateral, com uma seta para cima adjacente às pontas dos esquis.
Aplicação: Teleféricos.
Origem do exemplo: ISO 7001

Cabo para transporte de esquiadores

Uso: Indicar a existência de cabo de transporte voltado apenas para esquiadores.
Conteúdo da imagem: Figura humana com esquis, em perspectiva lateral, segurando um cabo que aponta na direção do movimento.
Aplicação: *Resorts* de esqui e turísticos, letreiros, mapas, guias de viagem, diagramas de orientação.
Origem do exemplo: ISO 7001

Banho

Uso: Indicar e identificar a localização de uma instalação, em ambiente interno, para imersão parcial do corpo na água, em uma posição próxima à horizontal. Não indica ducha ou piscina.
Conteúdo da imagem: Silhueta de uma figura humana se banhando na água, a qual é indicada por uma linha ondulada.
Aplicação: Edifícios e outros locais, plantas baixas, mapas, guias de viagem, diagramas de orientação.
Origem do exemplo: ISO 7001

Ducha

Uso: Indicar e identificar uma instalação em que seja possível se lavar em um fluxo de água disperso contínuo sobre o corpo ou indicar e identificar um local que conta com tal instalação.
Conteúdo da imagem: Perspectiva lateral de uma ducha com água, a qual é indicada por linhas de pontos.
Aplicação: Edifícios e outros locais, plantas baixas, mapas, guias de viagem, diagramas de orientação.
Origem do exemplo: ISO 7001

Bilhete/Ingresso

Uso: Indicar e identificar um local onde se pode adquirir ingressos/bilhetes. Pode ser utilizado para máquinas de venda automática. Não deve ser usado para indicar um bilheteiro.
Conteúdo da imagem: Mão segurando dois ingressos.
Aplicação: Edifícios e outros locais, plantas baixas, mapas, guias de viagem, diagramas de orientação, veículos.
Origem do exemplo: ISO 7001

Teleférico com cadeira dupla

Uso: Informar ao público que a cadeira do teleférico pode carregar dois passageiros sentados lado a lado, simultaneamente.
Conteúdo da imagem: Duas figuras humanas sentadas em uma cadeira fixada e suspensa por um cabo inclinado, em perspectiva lateral.
Aplicação: *Resorts* de esqui e turísticos, letreiro, mapas, guias de viagem, diagramas de orientação.
Origem do exemplo: ISO 7001

Teleférico com cadeira tripla

Uso: Informar ao público que a cadeira do teleférico pode carregar três passageiros sentados lado a lado, simultaneamente.
Conteúdo da imagem: Três figuras humanas sentadas em uma cadeira fixada e suspensa por um cabo inclinado, em perspectiva lateral.
Aplicação: *Resorts* de esqui e turístico, letreiros, mapas, guias de viagem, diagramas de orientação.
Origem do exemplo: ISO 7001

Teleférico com cadeira quádrupla

Uso: Informar ao público que a cadeira do teleférico pode carregar quatro passageiros sentados lado a lado, simultaneamente.
Conteúdo da imagem: Quatro figuras humanas sentadas em uma cadeira fixada e suspensa por um cabo inclinado, em perspectiva lateral.
Aplicação: *Resorts* de esqui e turísticos, letreiros, mapas, guias de viagem, diagramas de orientação.
Origem do exemplo: ISO 7001

Fila quádrupla

Uso: Instruir os passageiros a formarem fila quádrupla.
Conteúdo da imagem: Quatro figuras humanas desenhadas de forma sólida em pé, lado a lado, em perspectiva frontal, atrás das quais há o contorno de figuras semelhantes.
Aplicação: Teleférico com cadeiras quádruplas, *resorts* de esqui e turísticos, letreiros, mapas e guias de viagem.
Origem do exemplo: ISO 7001

Passageiros a pé devem descer

Uso: Informar passageiros a pé no teleférico da localização dos pontos de desembarque para passageiros a pé.
Conteúdo da imagem: Figura humana em frente a uma cadeira suspensa, em perspectiva lateral; uma seta indica a direção de movimento necessário.
Aplicação: *Resorts* de esqui e turísticos, letreiros, mapas e guias de viagem.
Origem do exemplo: ISO 7001

Esquiadores devem descer

Uso: Informar esquiadores no teleférico da localização dos pontos de desembarque para esquiadores.
Conteúdo da imagem: Figura humana com esquis em frente a uma cadeira suspensa, em perspectiva lateral; uma seta indica a direção do movimento necessário.
Aplicação: *Resorts* de esqui e turísticos, letreiros, mapas e guias de viagem.
Origem do exemplo: ISO 7001

Declive íngreme na pista do cabo para transporte de esquiadores

Uso: Informar os esquiadores que partes da superfície da pista do cabo para transporte são íngremes.
Conteúdo da imagem: Figura humana com esquis, desenhada em perspectiva lateral, segurando uma corda, a qual está quase na vertical. Os esquis são paralelos a um lado de um triângulo eqüilátero sólido com um sinal de porcentagem (%) inscrito.
Aplicação: *Resorts* de esqui e turísticos, letreiros, mapas e guias de viagem.
Origem do exemplo: ISO 7001

Meios de transporte antigos

Uso: Indicar a disponibilidade ou presença de meios de transporte antigos.
Conteúdo da imagem: Desenho sólido de uma figura humana sentada sobre o desenho linear de um trenó.
Aplicação: *Resorts* de esqui e turísticos, letreiros, mapas e guias de viagem.
Origem do exemplo: Áustria

Trem de alta velocidade

Uso: Indicar e identificar a localização de um trem de alta velocidade.
Conteúdo da imagem: Logotipos variados.
Aplicação: Edifícios, locais públicos, ruas e estradas, diagramas de orientação, veículos, salas, corredores, etc.
Origem do exemplo: França, Bélgica, Reino Unido.

THALYS

Estação de metrô

Uso: Indicar e identificar a localização de uma estação de metrô.
Conteúdo da imagem: Perspectiva frontal de um metrô.
Aplicação: Edifícios, locais públicos, ruas e estradas, diagramas de orientação, veículos, salas, corredores, etc.
Origem do exemplo: IUC

Pista de pouso ou aterrissagem

Uso: Indicar e identificar a localização de uma pista de pouso ou aterrissagem.
Conteúdo da imagem: Esboço de um avião com hélice.
Aplicação: Edifícios, locais públicos, ruas e estradas, diagramas de orientação, veículos, salas, corredores, etc.
Origem do exemplo: Argentina

Local de oração

Uso: Indicar a existência de um local de oração.
Conteúdo da imagem: Desenho lateral de uma figura ajoelhada rezando ante o desenho linear de uma cruz.
Aplicação: Terminais aéreos, marítimos e estações ferroviárias.
Origem do exemplo: Bolívia·

Porto marítimo

Uso: Indicar instalações de transporte marítimo.
Conteúdo da imagem: Perspectiva lateral de um navio ou balsa sobre duas linhas onduladas unidas a uma linha vertical indicando o cais.
Aplicação: Portos marítimos.
Origem do exemplo: Argentina

Barcos de passeio

Uso: Indicar instalações de transporte marítimo.
Conteúdo da imagem: Desenho angular de um navio de cruzeiro sobre duas linhas onduladas ao lado de uma faixa indicando terra com uma palmeira.
Aplicação: Portos marítimos.
Origem do exemplo: Portugal

Ancoradouro

Uso: Indicar instalações de transporte marítimo para turistas.
Conteúdo da imagem: Retrato gráfico de uma âncora em perspectiva lateral.
Aplicação: Portos e *resorts* à beira-mar.
Origem do exemplo: Portugal

Ponto de amarração

Uso: Indicar um ponto de amarração disponível para turistas com barcos.
Conteúdo da imagem: Iate desenhado em perspectiva lateral sobre uma linha indicando o mar e um ponto de amarração.
Aplicação: Portos e *resorts* à beira-mar.
Origem do exemplo: Portugal

Lançamento de barcos à água

Uso: Indicar instalações para turistas colocarem seus barcos na água.
Conteúdo da imagem: Barco em um *trailer*, em perspectiva lateral, sobre duas linhas onduladas indicando a água, as quais são ligadas a uma figura de forma cuneiforme indicando terra.
Aplicação: *Resorts* turísticos e áreas de recreação à beira-mar.
Origem do exemplo: Nova Zelândia

ATRATIVOS TURÍSTICOS

A. Lista de Referentes

1. Patrimônio da Humanidade
2. Marco
3. Parque Nacional
4. Santuário Nacional
5. Monumento raro
6. Reserva natural
7. Mirante
8. Fotografia
9. Caverna
10. Cachoeira/Cascata
11. Spa
12. Fonte
13. Cabo/Península
14. Jardim botânico
15. Pássaro/Santuário ornitológico
16. Santuário de espécies ameaçadas de extinção
17. Aquário
18. Jardim zoológico
19. Trilha interpretativa
20. Caminho interpretativo
21. Farol
22. Palácio do Governo
23. Parlamento
24. Monumento histórico
25. Monumento religioso (igreja)
26. Monumento religioso (mesquita)
27. Monumento religioso (sinagoga)
28. Monumento religioso (templo)
29. Castelo
30. Monastério
31. Convento/Mosteiro
32. Moinho d'água histórico
33. Pinturas ou esculturas pré-históricas
34. Sítios pré-históricos
35. Centro urbano
36. Cinema
37. Museu
38. Festivais
39. Folclore
40. Galeria de arte
41. Gastronomia
42. Vinhedo
43. Mercados e feiras locais
44. Centro/Exposição de artesanato

B. Descrição dos Referentes

Patrimônio da humanidade

Uso: Indicar a localização de um local ou monumento listado pela UNESCO como patrimônio da humanidade (lista de 630 propriedades de cunho cultural e natural de grande valor universal atualizada em dezembro 1999. Consiste em 480 propriedades culturais, 128 naturais e 22 mistas, em 118 países).
Conteúdo da imagem: Desenho linear de um círculo limitado por um quadrado aberto.
Aplicação: Estradas, áreas de recreação ao ar livre, mapas, guias de viagem, diagramas de orientação.
Origem do exemplo: UNESCO
Comentário: Também pode ser considerado um logotipo.

Marco

Uso: Indicar a localização de um marco.
Conteúdo da imagem: Em um círculo, o símbolo estilizado do marco do país.
Aplicação: Estradas, áreas de recreação ao ar livre, mapas, guias de viagem, diagramas de orientação.
Origem do exemplo: Chile

Parque Nacional

Uso: Indicar a localização de um parque nacional.
Conteúdo da imagem: Árvore estilizada ou silhueta de planta ou animal específico que melhor representa a preservação da fauna e flora local.
Aplicação: Estradas, áreas de recreação ao ar livre, mapas, guias de viagem, diagramas de orientação.
Origem do exemplo: Chile

Santuário nacional

Uso: Indicar a localização de um santuário nacional.
Conteúdo da imagem: Silhueta estilizada representando um santuário nacional.
Aplicação: Estradas, áreas de recreação ao ar livre, mapas, guias de viagem, diagramas de orientação.
Origem do exemplo: Jordânia

Monumento raro

Uso: Indicar a localização de um monumento nacional.
Conteúdo da imagem: Desenho estilizado representando um monumento raro.
Aplicação: Estradas, áreas de recreação ao ar livre, mapas, guias de viagem, diagramas de orientação.
Origem do exemplo: Jordânia

Reserva natural

Uso: Indicar a localização de uma área reservada para a preservação da flora e da fauna.
Conteúdo da imagem: Silhueta de árvore ao lado de um animal apropriado.
Aplicação: Estradas, áreas de recreação ao ar livre, mapas, guias de viagem, diagramas de orientação.
Origem do exemplo: ISO 7001

Mirante

Uso: Indicar um local ou ponto com uma vista panorâmica excepcional.
Conteúdo da imagem: Olho com um feixe de raios.
Aplicação: Estradas, áreas de recreação ao ar livre, mapas, guias de viagem, diagramas de orientação.
Origem do exemplo: Israel

Fotografia

Uso: Exprimir a atividade de fotografar ou um local onde é possível tirar fotos ou fazer filmagem.
Conteúdo da imagem: Câmera em perspectiva frontal.
Aplicação: Áreas de recreação ao ar livre, mapas, guias de viagem, diagramas de orientação.
Origem do exemplo: Argentina

Caverna

Uso: Indicar a localização de uma caverna.
Conteúdo da imagem: Desenho linear de uma caverna com figura humana na entrada.
Aplicação: Áreas de recreação ao ar livre, mapas, guias de viagem, diagramas de orientação.
Origem do exemplo: Brasil

Cachoeira/Cascata

Uso: Indicar a localização de uma cachoeira/cascata.
Conteúdo da imagem: Desenho linear de uma cachoeira/cascata.
Aplicação: Áreas de recreação ao ar livre, mapas, guias de viagem, diagramas de orientação.
Origem do exemplo: Brasil

Spa

Uso: Indicar a localização de um spa.
Conteúdo da imagem: Desenho linear de uma fonte.
Aplicação: Áreas de recreação ao ar livre, mapas, guias de viagem, diagramas de orientação.
Origem do exemplo: Romênia

Fonte

Uso: Indicar a localização de uma fonte.
Conteúdo da imagem: Desenho linear de uma fonte.
Aplicação: Áreas de recreação ao ar livre, mapas, guias de viagem, diagramas de orientação.
Origem do exemplo: Portugal

Cabo/Península

Uso: Indicar a localização de um cabo ou de uma península.
Conteúdo da imagem: Desenho linear de um cabo em perspectiva lateral.
Aplicação: Estradas e rodovias, áreas de recreação ao ar livre, mapas, guias de viagem, diagramas de orientação.
Origem do exemplo: Portugal

Jardim botânico

Uso: Indicar a localização de um jardim botânico.
Conteúdo da imagem: Silhueta estilizada de uma flor singular.
Aplicação: Estradas e rodovias, áreas de recreação ao ar livre, mapas, guias de viagem, diagramas de orientação.
Origem do exemplo: Bélgica

Pássaro/Santuário ornitológico

Uso: Indicar a localização de um santuário de pássaros ou de um parque ornitológico.
Conteúdo da imagem: Pássaro (único ou ameaçado de extinção) em perspectiva lateral.
Aplicação: Estradas e rodovias, áreas de recreação ao ar livre, mapas, guias de viagem, diagramas de orientação.
Origem do exemplo: Chipre

Santuário de espécies ameaçadas de extinção

Uso: Indicar um local onde se pode encontrar espécies ameaçadas de extinção e alertar motoristas e pessoas.
Conteúdo da imagem: Depende da espécie.
Aplicação: Estradas e rodovias, áreas de recreação ao ar livre, mapas, guias de viagem, diagramas de orientação.
Origem do exemplo: Tailândia

Aquário

Uso: Indicar a localização de um aquário.
Conteúdo da imagem: Peixe estilizado em perspectiva lateral, com algumas bolhas de ar.
Aplicação: Estradas e rodovias, áreas de recreação ao ar livre, mapas, guias de viagem, diagramas de orientação.
Origem do exemplo: Portugal

Jardim zoológico

Uso: Indicar a localização de um jardim zoológico.
Conteúdo da imagem: A palavra ZOO escrita em letras latinas é o símbolo utilizado mais comumente.
Aplicação: Estradas e rodovias, áreas de recreação ao ar livre, mapas, guias de viagem, diagramas de orientação.
Origem do exemplo: Portugal

Trilha interpretativa

Uso: Exprimir a existência uma trilha com propósitos de interpretação histórica ou natural.
Conteúdo da imagem: Mochila e bengala, com a letra "i".
Aplicação: Estradas e rodovias, áreas de recreação ao ar livre, mapas, guias de viagem, diagramas de orientação.
Origem do exemplo: Áustria

Caminho interpretativo

Uso: Exprimir a existência de um caminho com propósitos interpretativos.
Conteúdo da imagem: Figura humana caminhando, silhueta da árvore com a letra "i" afixada.
Aplicação: Áreas de recreação ao ar livre, mapas, guias de viagem, diagramas de orientação.
Origem do exemplo: Nova Zelândia

Farol

Uso: Indicar a localização de um farol de interesse histórico ou técnico.
Conteúdo da imagem: Desenho linear de um farol com um feixe de raios.
Aplicação: Estradas e rodovias, áreas de recreação ao ar livre, mapas, guias de viagem, diagramas de orientação.
Origem do exemplo: Turquia

Palácio do Governo

Uso: Indicar a localização do Palácio do Governo ou da residência do Chefe de Estado.
Conteúdo da imagem: Desenho linear de um palácio, em perspectiva frontal.
Aplicação: Estradas e rodovias, centros urbanos, mapas, guias de viagem, diagramas de orientação.
Origem do exemplo: Áustria

Parlamento

Uso: Indicar a localização do Parlamento da nação.
Conteúdo da imagem: Desenho linear, em perspectiva frontal, do Parlamento, com colunas.
Aplicação: Estradas e rodovias, centros urbanos, mapas, guias de viagem, diagramas de orientação.
Origem do exemplo: Argentina

Monumento histórico

Uso: Indicar a localização de um monumento de importância histórica.
Conteúdo da imagem: Desenho linear do templo, em perspectiva frontal (mais comumente utilizado).
Aplicação: Estradas e rodovias, centros urbanos, mapas, guias de viagem, diagramas de orientação.
Origem do exemplo: Iraque

Monumento religioso (igreja)

Uso: Indicar a localização de um monumento religioso, santuário ou edifício onde é possível rezar e seguir a observância da religião cristã.
Conteúdo da imagem: Cobertura sobre uma cruz que está sobre uma faixa plana.
Aplicação: Estradas e rodovias, centros urbanos, mapas, guias de viagem, diagramas de orientação.
Origem do exemplo: Tailândia

Monumento religioso (mesquita)

Uso: Indicar a localização de um monumento religioso, santuário ou edifício onde é possível rezar e seguir a observância da religião mulçumana.
Conteúdo da imagem: Cobertura sobre uma lua crescente que está sobre uma faixa plana.
Aplicação: Estradas e rodovias, centros urbanos, mapas, guias de viagem, diagramas de orientação.
Origem do exemplo: Tailândia

Monumento religioso (sinagoga)

Uso: Indicar a localização de um monumento religioso, santuário ou edifício onde é possível rezar e seguir a observância da religião judaica.
Conteúdo da imagem: Estrela de Davi sobre a representação da sinagoga.
Aplicação: Estradas e rodovias, centros urbanos, mapas, guias de viagem, diagramas de orientação.
Origem do exemplo: Israel

Monumento religioso (templo budista)

Uso: Indicar a localização de um monumento religioso, santuário ou edifício onde é possível rezar e seguir a observância da religião budista.
Conteúdo da imagem: Cobertura sobre uma roda de leme que está sobre uma faixa branca.
Aplicação: Estradas e rodovias, centros urbanos, mapas, guias de viagem, diagramas de orientação.
Origem do exemplo: Tailândia

Castelo

Uso: Indicar a localização de um castelo antigo.
Conteúdo da imagem: Desenho linear de uma torre de castelo da Idade Média.
Aplicação: Estradas e rodovias, mapas, guias de viagem, diagramas de orientação.
Origem do exemplo: Países Baixos

Monastério

Uso: Indicar a localização de um monastério.
Conteúdo da imagem: Desenho linear de um monastério estilizado de acordo com a arquitetura nacional ou local.
Aplicação: Estradas e rodovias, centros urbanos, mapas, guias de viagem, diagramas de orientação.
Origem do exemplo: Chipre

Convento/Mosteiro

Uso: Indicar a localização de um convento/mosteiro.
Conteúdo da imagem: Quatro arcos e colunas representando um ângulo de um convento/mosteiro estilizado, de acordo com a arquitetura local ou nacional.
Aplicação: Estradas e rodovias, centros urbanos, mapas, guias de viagem, diagramas de orientação.
Origem do exemplo: Portugal

Moinho d'água histórico

Uso: Indicar a localização de um moinho d'água histórico.
Conteúdo da imagem: Desenho linear de um moinho d'água em perspectiva lateral e uma casa ao fundo.
Aplicação: Estradas e rodovias, centros urbanos, mapas, guias de viagem, diagramas de orientação.
Origem do exemplo: Portugal

Pinturas ou esculturas pré-históricas

Uso: Indicar um local onde se pode observar pinturas ou esculturas pré-históricas ou arcaicas.
Conteúdo da imagem: Mãos, marcas e desenho *naif* de figuras humanas e animais.
Aplicação: Estradas e rodovias, áreas de recreação ao ar livre, mapas, guias de viagem, diagramas de orientação.
Origem do exemplo: Argentina

Sítios pré-históricos

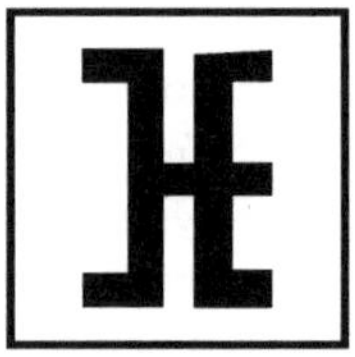

Uso: Indicar a localização de um sítio pré-histórico.
Conteúdo da imagem: Marca dependendo do sítio.
Aplicação: Estradas e rodovias, áreas de recreação ao ar livre, mapas, guias de viagem, diagramas de orientação.
Origem do exemplo: Colômbia

Centro urbano

Uso: Indicar a orientar a direção para o centro da cidade.
Conteúdo da imagem: Três círculos com um ponto central plano.
Aplicação: Estradas e rodovias, mapas, guias de viagem, diagramas de orientação.
Origem do exemplo: Portugal

Cinema

Uso: Indicar a localização de um cinema.
Conteúdo da imagem: Três pessoas em frente a uma tira representando um pedaço de filme.
Aplicação: Locais públicos, diagramas de orientação, mapas.
Origem do exemplo: China GB 10001-94/62

Museu

Uso: Indicar a localização de um museu.
Conteúdo da imagem: Diferentes símbolos possíveis, dependendo da cultura e civilização local ou nacional.
Aplicação: Estradas e rodovias, locais públicos, diagramas de orientação, mapas, guias de viagem.
Origem do exemplo: Reino Unido (um objeto sob um abrigo).

Festivais

Uso: Exprimir a existência de festivais.
Conteúdo da imagem: Dançarinos ou atores em um palco de teatro.
Aplicação: Guias de viagem, mapas de orientação.
Origem do exemplo: Iraque

Folclore

Uso: Indicar a localização de um local onde há representações do folclore regional ou nacional.
Conteúdo da imagem: Dupla dançando em frente a um monumento histórico.
Aplicação: Estradas e rodovias, áreas de recreação ao ar livre, diagramas de orientação, mapas, guias de viagem.
Origem do exemplo: Portugal

Galeria de arte

Uso: Indicar a localização de uma galeria de arte.
Conteúdo da imagem: Desenho simbólico de uma pintura ou escultura próxima a uma figura humana.
Aplicação: Locais públicos, diagramas de orientação, mapas, guias de viagem.
Origem do exemplo: Bolívia

Gastronomia

Uso: Indicar a localização de um centro ou restaurante gastronômico.
Conteúdo da imagem: Desenho simbólico das especialidades alimentícias nacionais ou locais.
Aplicação: Locais públicos, diagramas de orientação, mapas, guias de viagem.
Origem do exemplo: Portugal

Vinhedo

Uso: Indicar a localização de um vinhedo ou de uma vinícola.
Conteúdo da imagem: Desenho simbólico de um cacho de uvas.
Aplicação: Locais públicos, diagramas de orientação, mapas, guias de viagem.
Origem do exemplo: Portugal

Mercados e feiras locais

Uso: Indicar a localização de um mercado típico ou de uma feira local.
Conteúdo da imagem: Desenho simbólico de um mercado ou feira.
Aplicação: Locais públicos, diagramas de orientação, mapas, guias de viagem.
Origem do exemplo: Iraque

Centro/Exposição de artesanato

Uso: Indicar a localização de um centro ou exposição de artesanato.
Conteúdo da imagem: Desenho simbólico de arte cerâmica ou outro tipo de artesanato específico da localidade ou país.
Aplicação: Locais públicos, diagramas de orientação, mapas, guias de viagem.
Origem do exemplo: Gana

ESPORTES E RECREAÇÃO AO AR LIVRE

A. Lista de Referentes

1. Atividades esportivas
2. Instalações esportivas
3. Ginásio esportivo/Academia de ginástica
4. Pista para corrida motorizada
5. Rotas para veículos quatro por quatro
6. Abrigo
7. Trilha para caminhada
8. *Trekking*
9. Rota
10. Churrasco
11. Arco e flecha
12. Eventos atléticos
13. Balonismo
14. Basquete
15. Bilhar
16. Boliche
17. Boxe/Pugilismo
18. Eurritmia
19. Esgrima
20. Futebol
21. Proibido jogar futebol
22. Handebol
23. Judô
24. Caratê
25. Luta livre
26. Rúgbi
27. Voleibol em quadra coberta
28. Levantamento de peso
29. Tourada
30. Passeio de barco
31. Aluguel de barco
32. Canoagem
33. Remo
34. *Rafting*
35. Espeleologia
36. Escalada
37. Ciclismo
38. Aluguel de bicicleta
39. *Mountain bike*
40. Pista para *bike trial*
41. Mergulho livre
42. Mergulho autônomo
43. Pesca
44. Pesca em rios
45. Pesca de barco
46. Coleta de moluscos/crustáceos
47. Geologia
48. Extraçao de ouro
49. Golfe
50. Asa-delta
51. *Paragliding*
52. Paraquedismo
53. Equitação
54. Pólo
55. Hipódromo/pista de corrida
56. Caça
57. Caça de pequenos animais
58. Caça esportiva de pássaros
59. Tiro ao alvo em pombo de barro
60. Patinação no gelo
61. Corrida
62. Minigolfe/Croqué
63. Orientação

64. Esqui *downhill**
65. Esqui *cross-country***
66. *Snowboard*
67. Tobogã
68. Natação
69. Esqui aquático
70. Surfe
71. Windsurfe
72. *Jetski*
73. Parque aquático
74. Tênis
75. *Squash/Racket ball*
76. Tênis de mesa
77. Proibido alimentar pássaros ou animais
78. Proibido retirar vegetação

* N.T.: Esqui de velocidade, praticado em descidas íngremes.

**N.T.: Esqui praticado em locais acidentados, porém sem descidas e subidas extremamente íngremes.

B. Descrição dos Referentes

Atividades esportivas

Uso: Indicar e identificar a localização de uma área designada para atividades esportivas.
Conteúdo da imagem: Três equipamentos esportivos diferentes.
Aplicação: Edifícios, serviços, locais públicos, mapas, guias de viagem, diagramas de orientação.
Origem do exemplo: ISO 7001

Instalações esportivas

Uso: Indicar a localização de instalações ou campos esportivos.
Conteúdo da imagem: Cinco círculos olímpicos.
Aplicação: Áreas de recreação ao ar livre, serviços, locais públicos, mapas, guias de viagem, diagramas de orientação.
Origem do exemplo: China (Macau)
Comentário: Este símbolo parece o logotipo olímpico e é utilizado em muitas localidades.

Ginásio esportivo/Academia de ginástica

Uso: Indicar a localização de um ginásio esportivo ou academia de ginástica ou de um local onde é possível praticar ginástica.
Conteúdo da imagem: Figura humana se exercitando com pesos ou halteres.
Aplicação: Áreas de recreação ao ar livre, edifícios, serviços, locais públicos, mapas, guias de viagem, diagramas de orientação.
Origem do exemplo: China

Pista para corrida motorizada

Uso: Indicar a localização de uma pista para corrida motorizada.
Conteúdo da imagem: Carro de corrida ou piloto, em perspectiva lateral.
Aplicação: Áreas de recreação ao ar livre, serviços, locais públicos, mapas, guias de viagem, diagramas de orientação.
Origem do exemplo: China (Macau)

Rotas para veículos quatro por quatro

Uso: Indicar que a estrada é adequada apenas para veículos com tração quatro por quatro.
Conteúdo da imagem: Veículo, em perspectiva lateral, subindo uma ladeira acidentada, com o símbolo 4×4.
Aplicação: Áreas de recreação ao ar livre, estradas e trilhas, mapas, guias de viagem, diagramas de orientação.
Origem do exemplo: Nova Zelândia

Abrigo

Uso: Indicar uma instalação que fornece abrigo temporário e/ou de emergência.
Conteúdo da imagem: Figura humana sob um abrigo estilizado (^).
Aplicação: Áreas de recreação ao ar livre, estradas e trilhas, mapas, guias de viagem, diagramas de orientação.
Origem do exemplo: Nova Zelândia

Trilha para caminhada

Uso: Exprimir a existência de uma trilha classificada para caminhada ou a atividade de caminhar.
Conteúdo da imagem: Figuras humanas de um adulto e uma criança caminhando.
Aplicação: Áreas de recreação ao ar livre, estradas e trilhas, mapas, guias de viagem, diagramas de orientação.
Origem do exemplo: Nova Zelândia
Comentário: Uma faixa embaixo do quadrado pode ser adicionada com as seguintes cores:
Verde: Fácil
Amarela: Moderada
Vermelha: Difícil
Preta: Perigosa ou parte perigosa do caminho

Trekking

Uso: Denotar uma trilha classificada para a prática de *trekking* ou indicar tal atividade.
Conteúdo da imagem: Figura humana praticando *trekking*, com uma mochila nas costas.
Aplicação: Áreas de recreação ao ar livre, estradas e trilhas, mapas, guias de viagem, diagramas de orientação.
Origem do exemplo: Nova Zelândia
Comentário: Uma faixa embaixo do quadrado pode ser adicionada com as seguintes cores:
Verde: Fácil
Amarela: Moderada
Vermelha: Difícil
Preta: Perigosa ou parte do caminho perigosa

Rota

Uso: Exprimir um caminho classificado como rota.
Conteúdo da imagem: Figura humana andando para cima, em um curso acidentado, com uma mochila.
Aplicação: Áreas de recreação ao ar livre, estradas e trilhas, mapas, guias de viagem, diagramas de orientação.
Origem do exemplo: Nova Zelândia
Comentário: Uma faixa embaixo do quadrado pode ser adicionada com as seguintes cores:
Verde: Fácil
Amarela: Moderada
Vermelha: Difícil
Preta: Perigosa ou parte da rota perigosa

Churrasco

Uso: Exprimir a existência de instalações para churrasco.
Conteúdo da imagem: Garfo estilizado com uma salsicha sobre chamas.
Aplicação: Áreas de recreação ao ar livre, diagramas de orientação.
Origem do exemplo: Nova Zelândia

Balonismo

Uso: Exprimir e indicar a localização de atividades ou instalações para a prática de balonismo.
Conteúdo da imagem: Desenho linear de um velho balão (balão de ar quente).
Aplicação: Áreas de recreação ao ar livre, diagramas de orientação.
Origem do exemplo: Portugal

Bilhar

Uso: Exprimir e indicar a localização de atividades e instalações para a prática de bilhar.
Conteúdo da imagem: Figura humana jogando bilhar.
Aplicação: Edifícios, locais públicos, áreas de recreação ao ar livre, diagramas de orientação e guias de viagem.
Origem do exemplo: China

Boliche

Uso: Exprimir e indicar a localização de atividades e instalações para jogar boliche.
Conteúdo da imagem: Desenho linear de uma bola e um conjunto de pinos.
Aplicação: Edifícios, locais públicos, áreas de recreação ao ar livre, diagramas de orientação e guias de viagem.
Origem do exemplo: China

Tourada

Uso: Exprimir e indicar a localização de instalações e apresentações de tourada.
Conteúdo da imagem: Figura de um toureiro em perspectiva frontal, com capa e silhueta do touro em perspectiva lateral.
Aplicação: Locais públicos, estradas e rodovias, diagramas de orientação, mapas e guias de viagem.
Origem do exemplo: Portugal

Passeio de barco

Uso: Indicar passeio de barco como uma atividade de recreação ao ar livre.
Conteúdo da imagem: Figura humana dentro de um barco a motor, em perspectiva lateral.
Aplicação: Áreas de recreação ao ar livre, locais públicos, mapas, guias de viagem, diagramas de orientação.
Origem do exemplo: Argentina

Aluguel de barco

Uso: Indicar e identificar o local onde se pode alugar barcos de passeio.
Conteúdo da imagem: Figura de um barco a motor sob uma chave, em perspectiva lateral.
Aplicação: Áreas de recreação ao ar livre, locais públicos, mapas, guias de viagem, diagramas de orientação.
Origem do exemplo: Espanha

Canoagem

Uso: Indicar uma canoa e identificar o local para prática de canoagem.
Conteúdo da imagem: Figura humana praticando canoagem, sobre duas linhas onduladas.
Aplicação: Áreas de recreação ao ar livre, mapas, guias de viagem, diagramas de orientação.
Origem do exemplo: Nova Zelândia

Rafting

Uso: Exprimir a existência de um bote inflável para prática de *rafting* e identificar o local para prática dessa atividade.
Conteúdo da imagem: Desenho linear de um bote inflável para *rafting* com três figuras humanas descendo sobre duas linhas onduladas.
Aplicação: Áreas de recreação ao ar livre, mapas, guias de viagem, diagramas de orientação.
Origem do exemplo: Nova Zelândia

Espeleologia

Uso: Exprimir a atividade de espeleologia.
Conteúdo da imagem: Figura humana andando ajoelhada em uma caverna, com iluminação frontal, em perspectiva lateral.
Aplicação: Áreas de recreação ao ar livre, mapas, guias de viagem, diagramas de orientação.
Origem do exemplo: Nova Zelândia

Escalada

Uso: Exprimir a atividade de escalada ou escalada em montanha.
Conteúdo da imagem: Figura humana andando ajoelhada em uma caverna com iluminação frontal, em perspectiva lateral.
Aplicação: Áreas de recreação ao ar livre, mapas, guias de viagem, diagramas de orientação.
Origem do exemplo: Nova Zelândia
Comentário: Uma faixa embaixo do quadrado pode ser adicionada com as seguintes cores:
Verde: Fácil
Amarelo: Moderada
Vermelho: Difícil
Preto: Perigosa

Ciclismo

Uso: Indicar e identificar um local para prática de ciclismo.
Conteúdo da imagem: Figura humana em uma bicicleta, em perspectiva lateral.
Aplicação: Áreas de recreação ao ar livre, ruas e estradas, guias de viagem, mapas de orientação.
Origem do exemplo: Nova Zelândia

Aluguel de bicicleta

Uso: Indicar e identificar o local onde bicicletas podem ser alugadas.
Conteúdo da imagem: Bicicleta em perspectiva lateral.
Aplicação: Áreas de recreação ao ar livre, ruas e estradas, guias de viagem, mapas de orientação.
Origem do exemplo: Áustria

Mountain bike

Uso: Indicar e identificar o local para prática de *mountain bike.*
Conteúdo da imagem: Figura humana em uma *mountain bike*, em perspectiva lateral.
Aplicação: Áreas de recreação ao ar livre, guias de viagem, mapas de orientação.
Origem do exemplo: Áustria
Comentário: Uma faixa embaixo do quadrado pode ser adicionada com as seguintes cores:
Verde: Fácil
Amarelo: Moderada
Vermelho: Difícil
Preto: Perigosa

Pista para *bike trial*

Uso: Indicar e identificar o local para prática de *bike trial.*
Conteúdo da imagem: Figura humana em uma moto de *bike trial*, em perspectiva lateral, em uma trilha acidentada ascendente.
Aplicação: Áreas de recreação ao ar livre, guias de viagem, mapas de orientação.
Origem do exemplo: Nova Zelândia
Comentário: Uma faixa embaixo do quadrado pode ser adicionada com as seguintes cores:
Verde: Fácil
Amarelo: Moderada
Vermelho: Difícil
Preto: Perigosa

Mergulho livre

Uso: Denotar a atividade de mergulho livre.
Conteúdo da imagem: Figura humana se preparando para mergulhar sobre duas linhas onduladas.
Aplicação: Áreas de recreação ao ar livre, mapas, guias de viagem, diagramas de orientação.
Origem do exemplo: Nova Zelândia

Mergulho autônomo

Uso: Denotar a atividade de mergulho autônomo.
Conteúdo da imagem: Figura humana de um mergulhador com cilindro de oxigênio e algumas bolhas indo para cima.
Aplicação: Áreas de recreação ao ar livre, mapas, guias de viagem, diagramas de orientação.
Origem do exemplo: Nova Zelândia
Comentários:

1. A variante argentina possui a imagem de um mergulhador sob duas linhas onduladas.
2. Uma faixa na parte inferior do quadrado pode ser adicionada com as seguintes cores:

Verde: Sem perigo
Preto: Perigoso

Pesca

Uso: Exprimir a atividade de pesca.
Conteúdo da imagem: Figura humana lançando uma vara de pescar sobre duas linhas onduladas.
Aplicação: Áreas de recreação ao ar livre, mapas, guias de viagem, diagramas de orientação.
Origem do exemplo: Nova Zelândia

Pesca em rios

Uso: Exprimir a atividade de pesca em rios.
Conteúdo da imagem: Figura humana de um pescador com uma vara e um peixe, sobre duas linhas onduladas.
Aplicação: Áreas de recreação ao ar livre, mapas, guias de viagem, diagramas de orientação.
Origem do exemplo: Áustria

Pesca de barco

Uso: Exprimir a atividade de pesca de barco.
Conteúdo da imagem: Figura humana de um pescador com vara em um pequeno barco sobre duas linhas onduladas.
Aplicação: Áreas de recreação ao ar livre, mapas, guias de viagem, diagramas de orientação.
Origem do exemplo: Nova Zelândia

Coleta de molusco/crustáceo

Uso: Exprimir a atividade de coleta de molusco/crustáceo.
Conteúdo da imagem: Mão pegando um molusco sobre duas linhas onduladas.
Aplicação: Áreas de recreação ao ar livre, mapas, guias de viagem, diagramas de orientação.
Origem do exemplo: Nova Zelândia

Futebol

Uso: Exprimir a possibilidade de jogar futebol como uma atividade de recreação ao ar livre.
Conteúdo da imagem: Figura humana com uma bola nos pés.
Aplicação: Áreas de recreação ao ar livre, mapas, guias de viagem, diagramas de orientação.
Origem do exemplo: Áustria

Proibido jogar futebol

Uso: Exprimir a proibição de jogar futebol.
Conteúdo da imagem: Figura humana com uma bola nos pés, com um corte vermelho de proibição.
Aplicação: Áreas de recreação ao ar livre, mapas, guias de viagem, diagramas de orientação.
Origem do exemplo: Áustria

Geologia

Uso: Exprimir a possibilidade de praticar geologia como uma atividade de recreação ao ar livre.
Conteúdo da imagem: Picareta e três pequenas pedras em perspectiva lateral.
Aplicação: Áreas de recreação ao ar livre, mapas, guias de viagem, diagramas de orientação.
Origem do exemplo: Nova Zelândia

Extração de ouro

Uso: Exprimir a possibilidade de praticar lavagem na bateia para encontrar ouro como uma atividade de recreação ao ar livre.
Conteúdo da imagem: Figura humana com uma bateia nas mãos, sobre duas linhas onduladas.
Aplicação: Áreas de recreação ao ar livre, mapas, guias de viagem, diagramas de orientação.
Origem do exemplo: Nova Zelândia

Golfe

Uso: Indicar a possibilidade de praticar golfe, ou a existência de um campo de golfe.
Conteúdo da imagem: Figura humana balançando um taco de golfe.
Aplicação: Áreas de recreação ao ar livre, estradas e rodovias, mapas, guias de viagem, diagramas de orientação.
Origem do exemplo: China

Asa-delta

Uso: Exprimir a possibilidade de praticar asa-delta e localizar as instalações para prática deste esporte.
Conteúdo da imagem: Figura humana sob uma asa-delta.
Aplicação: Áreas de recreação ao ar livre, mapas, guias de viagem, diagramas de orientação.
Origem do exemplo: Nova Zelândia

Paraglider

Uso: Exprimir a possibilidade de praticar *paraglider* e localizar as instalações para a prática do esporte.
Conteúdo da imagem: Figura humana sob um *paraglider* e uma corda atada.
Aplicação: Áreas de recreação ao ar livre, mapas, guias de viagem, diagramas de orientação.
Origem do exemplo: Nova Zelândia

Paraquedismo

Uso: Exprimir a possibilidade de praticar paraquedismo e localizar as instalações para a prática do esporte.
Conteúdo da imagem: Figura humana embaixo de um paraquedas.
Aplicação: Áreas de recreação ao ar livre, mapas, guias de viagem, diagramas de orientação.
Origem do exemplo: Nova Zelândia

Equitação

Uso: Exprimir a possibilidade de praticar equitação e localizar as instalações para a prática do esporte.
Conteúdo da imagem: Figura humana montada em um cavalo.
Aplicação: Áreas de recreação ao ar livre, estradas e trilhas, mapas, guias de viagem, diagramas de orientação.
Origem do exemplo: Áustria
Comentário: Podem existir variantes com um corte de proibição ou sob um abrigo para indicar uma atividade em ambiente coberto.

Pólo

Uso: Exprimir a atividade de pólo e localizar um campo de pólo.
Conteúdo da imagem: Figura humana em um cavalo com taco de pólo, em perspectiva lateral.
Aplicação: Áreas de recreação ao ar livre, estradas e trilhas, mapas, guias de viagem, diagramas de orientação.
Origem do exemplo: Argentina

Hipódromo/pista de corrida

Uso: Indicar a localização de um hipódromo.
Conteúdo da imagem: Cavalo e cavaleiro em perspectiva lateral
Aplicação: Estradas e locais públicos, mapas, guias de viagem, diagramas de orientação.
Origem do exemplo: China (Macau)

Caça

Uso: Indicar a possibilidade de caçar e a existência de uma área ao ar livre destinada a esta atividade.
Conteúdo da imagem: Figura humana atirando com uma arma.
Aplicação: Áreas de recreação ao ar livre, mapas, guias de viagem, diagramas de orientação.
Origem do exemplo: México

Caça de pequenos animais

Uso: Indicar a possibilidade de caçar pequenos animais e a existência de uma área ao ar livre destinada a esta atividade.
Conteúdo da imagem: Silhueta de um coelho ou lebre correndo.
Aplicação: Áreas de recreação ao ar livre, mapas, guias de viagem, diagramas de orientação.
Origem do exemplo: Espanha

Caça esportiva de pássaros

Uso: Indicar a possibilidade de praticar caça esportiva de pássaros e a existência de uma área ao ar livre para prática da atividade.
Conteúdo da imagem: Figura humana atirando em um pássaro.
Aplicação: Áreas de recreação ao ar livre, mapas, guias de viagem, diagramas de orientação.
Origem do exemplo: Nova Zelândia

Tiro ao alvo em pombo de barro

Uso: Indicar a possibilidade de praticar tiro ao alvo em pombo de barro e a existência de uma área ao ar livre destinada a esta atividade.
Conteúdo da imagem: Figura humana atirando e um prato de barro em cima.
Aplicação: Áreas de recreação ao ar livre, mapas, guias de viagem, diagramas de orientação.
Origem do exemplo: Portugal

Patinação no gelo

Uso: Exprimir a atividade de patinação no gelo.
Conteúdo da imagem: Figura humana em perspectiva lateral patinando no gelo.
Aplicação: Áreas de recreação ao ar livre, mapas, guias de viagem, diagramas de orientação.
Origem do exemplo: Nova Zelândia
Comentário: Existe uma variante para patinação no gelo em ambientes fechados; a mesma imagem sob um ícone de abrigo ^.

Corrida

Uso: Exprimir a possibilidade de praticar corrida ou a localização de uma pista de corrida.
Conteúdo da imagem: Figura humana correndo.
Aplicação: Áreas de recreação ao ar livre, ruas e estradas, mapas, guias de viagem, diagramas de orientação.
Origem do exemplo: Nova Zelândia
Comentário: A variante chinesa mostra um desenho linear de uma pista com seta de direção.

Minigolfe/Croqué

Uso: Exprimir a possibilidade de praticar minigolfe ou croqué e indicar a localização de instalações referentes a esses jogos.
Conteúdo da imagem: Figura humana com taco, argola e bola de croquê.
Aplicação: Áreas de recreação ao ar livre, ruas e locais públicos, mapas, guias de viagem, diagramas de orientação.
Origem do exemplo: Áustria

Orientação

Uso: Exprimir a atividade de orientação.
Conteúdo da imagem: Figura humana correndo dentro de um círculo mostrando as direções norte (N), oeste (O) e leste (L).
Aplicação: Áreas de recreação ao ar livre, mapas, guias de viagem, diagramas de orientação.
Origem do exemplo: Nova Zelândia

Remo

Uso: Exprimir a possibilidade de praticar remo.
Conteúdo da imagem: Figura humana remando em um barco a remo, em perspectiva lateral, sobre duas linhas onduladas.
Aplicação: Áreas de recreação ao ar livre, mapas, guias de viagem, diagramas de orientação.
Origem do exemplo: Argentina
Comentário: Existe uma variante para proibir remo com o mesmo conteúdo da imagem e um corte vermelho.

Rúgbi

Uso: Exprimir a possibilidade de jogar rúgbi.
Conteúdo da imagem: Figura humana correndo com uma bola de rúgbi.
Aplicação: Áreas de recreação ao ar livre, mapas, guias de viagem, diagramas de orientação.
Origem do exemplo: Argentina

Esqui *downhill*

Uso: Exprimir a atividade de esqui *downhill* e localizar uma rampa de esqui.
Conteúdo da imagem: Figura humana esquiando ladeira abaixo com esquis, em perspectiva lateral.
Aplicação: *Resorts* de esqui e turísticos, letreiros, mapas, guias de viagem, diagramas de orientação.
Origem do exemplo: Áustria
Comentário: Uma tira embaixo do quadrado pode ser adicionada com as seguintes cores:
Verde: Fácil
Amarelo: Moderada
Vermelho: Difícil
Preto: Perigosa
Há uma variante para proibir esqui em declive com o mesmo conteúdo da imagem e um corte vermelho.

Esqui *cross-country*

Uso: Exprimir a atividade de esqui *cross-country* e localizar uma trilha de esqui.
Conteúdo da imagem: Figura humana com esquis, em perspectiva lateral.
Aplicação: *Resorts* de esqui e turísticos, letreiros, mapas, guias de viagem, diagramas de orientação.
Origem do exemplo: Áustria
Comentário: Uma tira embaixo do quadrado pode ser adicionada com as seguintes cores:
Verde: Fácil
Amarelo: Moderada
Vermelho: Difícil
Preto: Perigosa
Há uma variante para proibir o passeio de esqui com o mesmo conteúdo da imagem e um corte vermelho.

Snowboard

Uso: Exprimir a atividade de *snowboard* e localizar uma ladeira ou rampa utilizada para praticar a atividade.
Conteúdo da imagem: Figura humana com *snowboard.*
Aplicação: *Resorts* de esqui e turísticos, letreiros, mapas, guias de viagem, diagramas de orientação.
Origem do exemplo: Áustria
Comentário: Uma tira no embaixo do quadrado pode ser adicionada com as seguintes cores:
Verde: Fácil
Amarelo: Moderada
Vermelho: Difícil
Há uma variante para proibir o *snowboard* com o mesmo conteúdo da imagem e um corte vermelho.

Tobogã

Uso: Exprimir a atividade de andar de tobogã e localizar uma instalação onde esta pode ser praticada.
Conteúdo da imagem: Figura humana sentada em uma prancha de tobogã.
Aplicação: *Resorts* de esqui e turísticos, letreiros, mapas, guias de viagem, diagramas de orientação.
Origem do exemplo: Nova Zelândia
Comentário: Uma tira embaixo do quadrado pode ser adicionada com as seguintes cores:
Verde: Fácil
Amarelo: Moderada
Vermelho: Difícil
Preto: Perigosa
Há uma variante para proibir o tobogã com o mesmo conteúdo da imagem e um corte vermelho.

Natação

Uso: Exprimir a possibilidade de nadar e localizar praias e outras instalações para prática da atividade.
Conteúdo da imagem: Desenho de um tronco humano nadando sobre duas linhas onduladas.
Aplicação: Áreas de recreação ao ar livre, estradas e trilhas, mapas, guias de viagem, diagramas de orientação.
Origem do exemplo: Argentina
Comentários: Pode-se adicionar uma bandeira de praia colorida de advertência:
Verde para seguro.
Amarelo ou alaranjado para cuidado
Vermelho para perigo
Há uma variante para proibir natação com a mesma imagem e um corte vermelho.

Esqui aquático

Uso: Exprimir a possibilidade de praticar esqui aquático e localizar praias e outros locais para prática da atividade.
Conteúdo da imagem: Figura humana praticando esqui aquático sobre duas linhas onduladas.
Aplicação: Áreas de recreação ao ar livre, estradas e trilhas, mapas, guias de viagem, diagramas de orientação.
Origem do exemplo: Argentina
Comentários: Pode-se adicionar uma bandeira de praia colorida de advertência:
Verde para seguro
Amarelo ou alaranjado para cuidado
Vermelho para perigo
Há uma variante para proibir nado com a mesma imagem e um corte vermelho.

Surfe

Uso: Exprimir a possibilidade de surfar e localizar praias e outros locais para prática da atividade.
Conteúdo da imagem: Figura humana e prancha de surfe sobre linhas onduladas.
Aplicação: Áreas de recreação ao ar livre, estradas e trilhas, mapas, guias de viagem, diagramas de orientação.
Origem do exemplo: Portugal
Comentários: Pode-se adicionar uma bandeira de praia colorida de advertência:
Verde para seguro
Amarelo ou alaranjado para cuidado
Vermelho para perigo
Há uma variante para proibir nado com a mesma imagem e um corte vermelho.

Windsurfe

Uso: Exprimir a possibilidade de praticar windsurfe e localizar praias e outros locais para prática da atividade
Conteúdo da imagem: Figura humana e vela de windsurfe sobre duas linhas onduladas.
Aplicação: Áreas de recreação ao ar livre, estradas e trilhas, mapas, guias de viagem, diagramas de orientação.
Origem do exemplo: Áustria
Comentários: Pode-se adicionar uma bandeira de praia colorida de advertência:
Verde para seguro
Amarelo ou alaranjado para cuidado
Vermelho para perigo
Há uma variante para proibir windsurfe com a mesma imagem e um corte vermelho

Jetski

Uso: Exprimir a possibilidade de praticar *jetski* e localizar praias e outros locais para prática da atividade.
Conteúdo da imagem: Figura humana em um *jetski*, em perspectiva lateral, sobre duas linhas onduladas.
Aplicação: Áreas de recreação ao ar livre, estradas e trilhas, mapas, guias de viagem, diagramas de orientação.
Origem do exemplo: Argentina
Comentários: Pode-se adicionar uma bandeira de praia colorida de advertência:
Verde para seguro
Amarelo ou alaranjado para cuidado
Vermelho para perigo
Há uma variante para proibir a prática de *jetski* com a mesma imagem e um corte vermelho

Parque aquático

Uso: Indicar a localização de um parque aquático.
Conteúdo da imagem: Figura humana em um tobogã aquático e silhueta de uma foca brincando com uma bola, em perspectiva lateral.
Aplicação: Recreação ao ar livre, mapas, guias de viagem, diagramas de orientação.
Origem do exemplo: Portugal

Tênis

Uso: Indicar e identificar uma instalação para jogar tênis ou quadras de tênis.
Conteúdo da imagem: Figura humana com raquete e bola, com linha dupla horizontal representando a parte superior da rede.
Aplicação: Edifícios e outros locais, mapas, guias de viagem, diagramas de orientação.
Origem do exemplo: ISO 7001

Squash/Racket ball

Uso: Indicar e identificar uma instalação para praticar *squash* e/ou *racket ball.*

Conteúdo da imagem: Linhas representando os cantos de uma sala, com figura humana sobreposta segurando uma raquete sobre a qual há uma bola. Para reprodução em pequena escala, a bola pode ser omitida.

Aplicação: Edifícios e outros locais, mapas, guias de viagem, diagramas de orientação.

Origem do exemplo: ISO 7001

Tênis de mesa

Uso: Exprimir a possibilidade de jogar tênis de mesa.

Conteúdo da imagem: Desenho linear de uma raquete de tênis de mesa e uma bola.

Aplicação: Recreação ao ar livre, mapas, guias de viagem, diagramas de orientação.

Origem do exemplo: China

Comentários: Pode existir uma variante para proibir essa atividade com a mesma imagem e um corte vermelho.

Proibido alimentar pássaros ou animais

Uso: Indicar que não é permitido alimentar pássaros ou animais.

Conteúdo da imagem: Mão humana alimentando uma silhueta de pássaro e um corte diagonal vermelho sobre essa figura.

Aplicação: Recreação ao ar livre, mapas, guias de viagem, diagramas de orientação.

Origem do exemplo: Nova Zelândia (nesse caso, o pássaro é um *kea*, uma espécie de papagaio do país).

Comentário: Podem existir variantes com outros pássaros ou animais silvestres, dependendo do local.

Proibido retirar vegetação

Uso: Indicar que não é permitido remover vegetação.
Conteúdo da imagem: Mão humana próxima a uma planta com três folhas ou pétalas e um corte diagonal vermelho sobre a figura.
Aplicação: Recreação ao ar livre, mapas, guias de viagem, diagramas de orientação.
Origem do exemplo: Nova Zelândia
Comentário: Podem existir variantes com plantas diferentes ou específicas do local como, por exemplo, eldevais nos países próximos aos Alpes.

ÍCONES CARACTERÍSTICOS DE INFORMAÇÃO DE VIAGEM E COMÉRCIO ELETRÔNICO ENCONTRADOS NOS PORTAIS E *SITES* DA INTERNET*

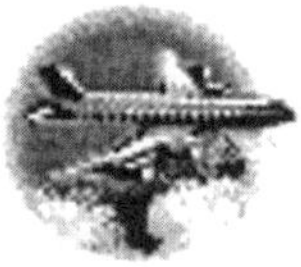

Vôos

Automóvel

Hotel

Férias

Cruzeiros

Ofertas

* Fonte: Yahoo! Travel Portal, March 2001.

Relação entre o *Thesaurus on Tourism and Leisure Activities*, símbolos gráficos e ícones da Internet

Em 2000, a Organização Mundial do Turismo, em cooperação com a Secretaria de Estado de Turismo da França, lançou o *Thesaurus on Tourism and Leisure Activities*, uma publicação em três idiomas (do francês para o inglês e o espanhol). Sua relação com símbolos e ícones gráficos pode ser facilmente estabelecida; no último caso graças ao desenvolvimento e rápido uso de novas tecnologias de informação e comunicação.

A estrutura básica da publicação é composta por áreas semânticas que incluem termos, definições e relações ligando os termos uns aos outros. As áreas semânticas incluem:

01. Esportes
02. Legislação Turística
03. Ecologia do Turismo
04. Economia do Turismo
05. Instalações Turísticas
06. Fluxos Turísticos
07. Treinamento e Emprego
08. Acomodação
09. Atividades de Lazer
10. Eventos Turísticos
11. Patrimônio Turístico
12. Política de Turismo
13. Serviços Turísticos
14. Profissionais de Turismo
15. Promoção Turística
16. Ciência e Informação
17. Sociologia do Lazer
18. Setores do Turismo
19. Transporte
20. Países e Agrupamentos de Países

Assim, a estrutura dos catálogos, estoques, instrumentos de busca e portais na Internet podem seguir-se às partes importantes da publicação (apresentadas em negrito na lista acima) para o qual os símbolos gráficos ou ícones podem ser atribuídos.

ORIENTAÇÕES PARA O USO DE SÍMBOLOS

Aceitação e Confusão

De acordo com os princípios da ISO, um símbolo é confiável quando seu teste apresenta mais de 85% dos critérios de aceitação e não mais que 5% de respostas criticamente confusas. Em especial, sinais de segurança devem ser rigorosamente examinados com relação à qualidade da representação gráfica e com relação à capacidade dos visitantes compreenderem com convicção a mensagem proposital.

Considerações sobre os Aspectos Gráficos e do Projeto Total[1]

É necessário que o projeto gráfico de símbolos e marcadores satisfaça critérios específicos para transmitir informação da melhor forma possível. Como citado pelo ANSI, o Instituto Americano de Padrões Nacionais, "os símbolos individuais devem ser projetados, sempre que possível, como elementos de um sistema visual compatível", isto é, de acordo com regras tais como:

Proporção: evitar formas estreitas e longas.

Simetria: de maneira geral, os símbolos devem ser projetados para serem simétricos a um eixo horizontal ou vertical.

Direção: discordâncias ou ambigüidades na direção devem ser evitadas. Quando um símbolo com características direcionais é associado a outro elemento direcional, a combinação deve fornecer a mesma informação de direção.

Forma: formas sólidas são preferidas em detrimento a contornos. O contorno, se utilizado, deve ser nítido e diferenciado do plano de fundo.

Detalhe: formas geométricas simples são as preferidas. O uso de detalhes ou decorações supérfluas deve ser anulado; detalhes importantes dos símbolos devem poder ser diferenciados na distância de visão planejada.

Tamanho: uma vez que os símbolos podem ser utilizados em áreas pequenas ou grandes, objetos ou documentos, devem ser legíveis na distância de visão planejada.

Disposição: especialmente para sinais de segurança, devem ser colocados dentro do campo de visão normal e próximo ao perigo ou à área cuja ação é exigida.

Ambiente: deve-se atentar para fatores ambientais como sujeira, degradação, nível e qualidade de luz, os quais podem prejudicar a eficácia de um símbolo.

Sinais compostos: em alguns casos, eles causam mais problemas do que soluções. Ficam melhores em locais estratégicos de áreas ricas em atrativos, para utilizar os postos de informação com mapas e outros sinais com suas explicações.

Cores (Convenção de Signos e Sinais Rodoviários)

- Todos os sinais de destinos geralmente apresentam cor branca sobre fundo verde.
- Sinais de segurança geralmente são vermelhos ou em preto-e-branco.
- Sinais turísticos geralmente apresentam bordas brancas e legendas escritas sobre fundo marrom.
- Sinais e marcos referentes à recreação ao ar livre geralmente apresentam cor de fundo verde-escura.
- Sinais de informação e serviço geralmente apresentam cor branca sobre fundo azul-escuro.
- Normalmente preferem-se cores foscas em detrimento de cores muito brilhantes, porém qualquer uma das duas pode ser utilizada. Os acabamentos foscos ou brilhantes ficam muito diferentes, de modo que aquele escolhido deve ser utilizado de maneira coerente na localidade.

Dimensões

As dimensões dependem do objetivo e da localização do símbolo. A Convenção de Signos e Sinais Rodoviários indica que "os sinais devem ser colocados de modo que não obstruam o tráfego de veículos no acostamento, e, se instalados na margem, que dificultem o tráfego de pedestres o mínimo possível, e as dimensões dos painéis de sinais devem suficientes para que o sinal seja facilmente visível de uma certa distância e possa ser facilmente compreendido por uma pessoa que esteja se aproximando dele" (de acordo com a velocidade máxima permitida de seu veículo, por exemplo). Adicionalmente, como regra geral, a Convenção indica que deve haver quatro tamanhos para cada tipo de sinal:

- sinais pequenos, em que as condições não permitem o uso de sinais normais ou onde o tráfego pode se mover apenas lentamente (porém, o sinal não deve ser inferior a 0,6m de largura para um aviso de advertência de perigo, de obrigatoriedade ou regulamentação),
- tamanho normal (por exemplo, o tamanho normal de um aviso de perigo, de obrigatoriedade ou de regulamentação mede aproximadamente 0,9m),
- tamanho grande em estradas muito largas com tráfego de média a alta velocidade,
- sinais muito grandes em estradas com tráfego de alta velocidade, como rodovias[2].

Forma

Geralmente, também de acordo com a Convenção, a forma depende do tipo de sinalização. Os padrões comumente aceitos incluem:

- sinais avançados apresentam forma retangular e possuem eixos horizontais longos,
- sinais de posicionamento apresentam uma barra indicadora de direção e um final no formato de um ponto[3],
- sinais de advertência geralmente são retangulares

A Convenção também lembra que:

- sinais que proíbem ou restringem a permanência ou estacionamento devem ser circulares,
- sinais que fornecem informação útil sobre estacionamento devem ser quadrados,
- sinais de aviso de perigo são triângulos equiláteros ou quadrados com uma diagonal vertical,
- sinais que regulam prioridade em cruzamentos, sinais de aviso de perigo em proximidades de cruzamentos e sinais que regulam prioridade nas partes estreitas de estradas devem apresentar as seguintes formas:
  - triângulo equilátero,
  - octogonal,
  - circular,
  - quadrado com uma diagonal vertical,
  - sinais de obrigatoriedade devem ser circulares,
- sinais informativos geralmente são retangulares; no entanto, sinais direcionais podem ter formato de retângulo alongado com um lado horizontal mais longo, terminando em uma ponta de seta.

Uso Coerente de Símbolos

Como evidenciado na "estratégia da APEC":

- quanto mais um símbolo é utilizado, mais familiar ele se torna,
- apresentar diferenças desnecessárias confunde o visitante e diminui a eficácia do símbolo,
- turistas/visitantes estão sendo colocados diante de um crescente número de símbolos; quanto menos eles precisarem se lembrar, melhor.

Uso na Literatura de Viagem

"Lembre-se, tenha como meta o projeto: se eu não posso ler seu material, você também não precisaria gastar seu dinheiro para criá-lo."
(Hal Norvell, AARP)

Na literatura de viagem (mapas, folhetos, etc.), a dimensão de sinais e símbolos depende do contexto gráfico. Um erro muito comum é considerar o uso de símbolos gráficos somente do ponto de vista do projeto e da estética, negligenciando o aspecto prático de distinguir visualmente seu conteúdo de imagem. Por exemplo, nos catálogos e guias de viagem, o tamanho dos símbolos pode ser muito pequeno ou eles podem ser reproduzidos em um fundo escuro, tornando a aparência da página atrativa, mas difícil ou mesmo impossível de ler e ser compreendida. O Anexo 6 explica como a comunicação impressa (incluindo símbolos gráficos) deve ser organizada para atingir o leitor ou viajante de terceira idade.

Notas

[1] Da APEC, "Standardization of Symbols for Visitor Signage", Final Report, Singapore, May 1999.

[2] Em alguns países membros da APEC, essas dimensões foram definidas. "The Signs Manual of Transit New Zealand" propõe dois tamanhos – A e B – para todos os sinais turísticos.

Os sinais de tamanho A deverão ser utilizados quando:

- a velocidade de aproximação dos veículos for inferior a 70 km/h,
- o sinal não for atingido por estímulos visuais competidores, e
- o sinal não deslocar muito o campo de visão normal do motorista.

Os sinais de tamanho B deverão ser utilizados em todas as outras situações.

[3] Na Nova Zelândia, por exemplo, propõe-se que "quando a direção não está indicada no ângulo direito à estrada principal, o tipo de sinal retangular mais estreito com uma seta indicadora de direção deve ser utilizado".

CAPÍTULO 4

Símbolos Gráficos Utilizados em Turismo como Logotipos

Além dos signos e símbolos de turismo utilizados para informação pública e para visitantes, o setor de turismo é testemunho de um número crescente de logotipos (logos) que servem como emblemas para diferenciar organizações, companhias, produtos, campanhas, programas, destinos ou mesmo países. Comumente são exibidos em material promocional, cabeçalho de papel oficial e acessórios associados com a promoção turística ou com seus objetivos específicos (*merchandising*). O uso de logotipos envolve sua submissão a considerações e procedimentos jurídicos, administrativos e operacionais que podem ser fixados por leis nacionais ou mesmo internacionais.

Alguns logotipos podem apresentar a função de classificar (que tem que ser compatível com o conteúdo do rótulo), a fim de identificar companhias e organizações seguindo um padrão de critérios, certificados ou não com um programa específico, como ética, ecologia, segurança e integridade, saúde e higiene, etc.

Para o propósito deste capítulo, os logotipos podem ser agrupados em seis amplos grupos relacionados a:

- campanhas ou programas especiais
- rotas

- destinos (incluindo países)
- marcas registradas
- eventos especiais
- selos de qualidade

CAMPANHAS OU PROGRAMAS ESPECIAIS

Campanhas nacionais e internacionais e programas especiais são freqüentes em turismo, para mobilizar o público, defender determinados valores, alertar contra certos riscos ou atitudes e induzir o comportamento positivo ou correto. O uso de um logotipo pode ajudar a fortalecer a imagem pública de uma atividade especial, fornecer uma auto-identificação de seus participantes ou chamar atenção para o objeto da campanha ou programa. Como regra, todos que utilizarem tais logos devem desenvolver uma ação específica, um programa, um código de conduta profissional e outras medidas auto-reguladoras, conforme as metas da campanha ou programa.

A seguir são apresentados exemplos de campanhas internacionais ou programas como "NO CHILD SEX TOURISM" (Campanha Contra o Turismo Sexual Infantil), "THE BLUE FLAG" (Bandeira Azul), "THE GREEN GLOBE" (Globo Verde) e "TUTTO" (Tudo) para os quais se utilizaram logos.

"No Child Sex Tourism" (Campanha contra o Turismo Sexual Infantil)

Origem

Originalmente utilizado pelo Instituto Brasileiro de Turismo (EMBRATUR) nas campanhas nacionais, o logo foi adotado por uma campanha internacional, no ano de 1997, pela Força Tarefa contra a Prostituição Infantil e o Turismo Sexual, composta por grupos do setor de turismo, organizações não-governamentais e pela Organização Mundial de Turismo (OMT). É exibido na página da Internet "Alerta contra Prostituição Infantil e Turismo", dentro da página da OMT (www.world-tourism.org).

Função

- Identificar organizações, companhias e estabelecimentos que trabalham ativamente para evitar e eliminar a prostituição infantil;
- Sensibilizar o grupo de pessoas preocupadas com o assunto;
- Informar os viajantes, usuários de estabelecimentos turísticos e o público em geral a respeito das campanhas.

Conteúdo da imagem

Aplicação

Catálogos de viagem, folhetos informativos, vitrines, estabelecimentos de hospedagem, maletas (rótulo colante, etiquetas), revistas de bordo, vídeos de bordo, etc.

O logo pode ser acompanhado por qualquer outro logo, signo, gráfico ou símbolo ou mensagem de informação pública, para identificar a organização utilizando o logo internacional e para transmitir a mensagem da própria organização.

"The Blue Flag" (Bandeira Azul)

Origem

A campanha "The Blue Flag", organizada pela Fundação de Educação Ambiental na Europa (FEEE), começou em meados da década de 1980 como um meio de estimular as autoridades locais a propiciar praias e marinas limpas e seguras para a população local e para os turistas. A campanha foi conduzida, progressivamente, para um contexto mais amplo, que incluía melhoria ambiental da área costeira, e os critérios utilizados na campanha foram progressivamente ampliados, à medida que esta amadureceu.

Função

"The Blue Flag" é um programa de prêmio anual (às vezes, considerado como um selo ecológico) que visa recompensar órgãos governamentais locais e seus parceiros pela melhoria da segurança e da limpeza do litoral. Está associado com 12 sinais que expressam os critérios para controle e segurança de praias (consultar Capítulo II).

Conteúdo de imagem

Aplicação

Hasteando uma bandeira azul nas praias e marinas premiadas ou exibindo-a em catálogos de viagem, folhetos, diagramas de orientação, mapas, etc.

"Green Globe" (Globo Verde)

Origem

O "Green Globe" é um programa ambiental de amplitude mundial, direcionado para a indústria de viagens e turismo. Iniciado em 1994, o "Green Globe" é uma continuação da ECO-92 – ocorrida no Rio de Janeiro –, da conferência das Nações Unidas sobre Meio-ambiente e Desenvolvimento e da perspectiva estratégica nas implicações da Agenda 21 para o Turismo, adotada pelos Conselho da Terra, Conselho Mundial de Viagens e Turismo e Organização Mundial de Turismo.

Função

O "Green Globe" é reconhecido como uma marca ecológica para o turismo ecológico e de massa. O logotipo limita-se a um programa de certificação específico pelo qual uma companhia pode apresentar, por meios da prestação de contas, que está destinando recursos voltados para as áreas de responsabilidade ambiental, social e cultural.

Conteúdo de imagem

Aplicação

Estabelecimentos, catálogos de viagem, folhetos, vitrines, etc.

"Tutto" (Tudo)

Função

O projeto internacional "TOURISM FOR ALL", sob o lema "TUTTO", dedica-se a melhorar o acesso a equipamentos, instalações e serviços turísticos para pessoas portadoras de deficiências de qualquer natureza, sem salientar qualquer deficiência específica (Consultar Anexo 5).

Conteúdo de imagem

Aplicação

O logotipo pode ser utilizado em estabelecimentos, catálogos de viagem, folhetos, vitrines, etc.

ROTAS TURÍSTICAS INTERNACIONAIS

Em 1960, o Conselho Europeu enfatizou a importância das viagens culturais como um meio de uso do tempo livre de qualidade. Em 1985, também, a OMT solicitou o desenvolvimento de novos produtos turísticos para facilitar o encontro entre pessoas e mostrou que tais produtos poderiam ser desenvolver próximos a importantes rotas turísticas.

Após a iniciativa do Conselho Europeus, os itinerários culturais europeus foram iniciados em 1987, com três objetivos principais:

- tornar a identidade cultural comum mais visível, realçá-la e estimular os cidadãos europeus a dividi-la,
- proteger e realçar o patrimônio cultural europeu como um modo de melhorar o estilo de vida e como uma fonte de desenvolvimento social, econômico e cultural,
- dar aos cidadãos novas possibilidades de realização, enfocando-se no turismo cultural e nas atividades relacionadas.

Vários projetos foram colocados em prática: Caminho de Santiago, Rotas Barrocas, Caminho do Campo, Arquitetura sem Fronteiras, Grande Estrada de Walser, Vilas Venezianas, Rotas Célticas, Rota dos Vikings, Mundo Hanseático, Rota dos Lombardos, Itinerário de Mozart, Rotas Cistercienses, As Rotas de Henrique, o Navegador, Rotas dos Monasticismos Ortodoxos, etc.

Cada rota foi equipada com seu próprio logo, cujo uso é recomendado para informação e segurança.

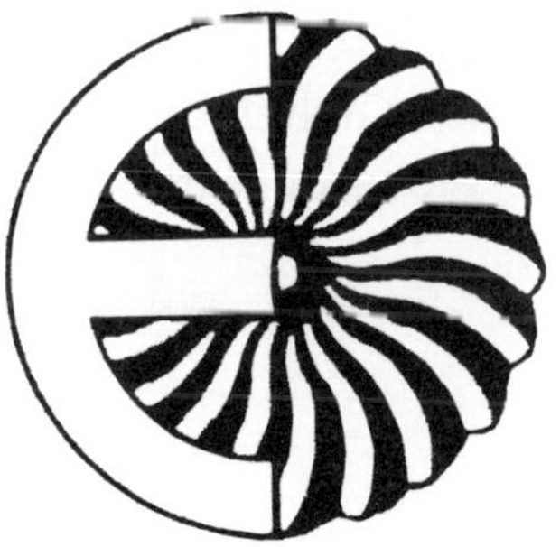

Caminho do Campo

Caminho de Santiago

O "Caminho de Santiago", ou "Rota Jacobéia", foi o primeiro itinerário pan-europeu. Tomando por base as rotas originais, datadas da Idade Média, este programa foi iniciado em Santiago de Compostela (Espanha), em 1987, com uma dimensão predominantemente religiosa. Atualmente, também é atribuída ao Caminho importante dimensão cultural e turística, que não é exclusiva ou desmerece a primeira. Um plano de marcadores de turismo foi empreendido por vários países (Espanha, França, Portugal, Itália, Alemanha e Bélgica). O tríptico mostrando o logo do "Caminho de Santiago" foi editado em cinco idiomas europeus (espanhol, francês, inglês, alemão e italiano). Um manual para uso do logo foi publicado em espanhol.

A UNESCO e a OMT sustentaram projetos regionais e inter-regionais, como o Mundo Maia, a Rota da Seda ou a Rota dos Escravos, cada uma caracterizando um logo próprio, entre outras rotas internacionais[2].

Mundo Maia

O Mundo Maia, anteriormente denominado Rota Maia, é um projeto que se iniciou com a participação da OMT e da UNESCO, em 1991, em cinco países da América Central: Guatemala, Honduras, El Salvador, Belize e sul do México (Estados de Tabasco, Chiapas, Campeche, Yucatán e Quintana Roo).

Rota da Seda

A UNESCO, juntamente com a OMT, iniciou o projeto intitulado "Estudo Integrado das Rotas da Seda", montando um grupo de trabalho que, durante o encontro realizado em Como (Itália), no período de 13 a 15 de outubro de 1988, propôs que o Conselho de Cooperação Cultural da UNESCO tivesse uma estrutura para promover os postes de sinalização de itinerários, estabelecendo ligações entre eles. O logotipo para essas atividades é uma figura entrelaçada. Os seguintes países adotaram este logo:

- Japão
- República da Coréia
- China
- Casaquistão
- Quirguistão
- Paquistão
- Tadjiquistão
- Uzbequistão
- Turcomenistão
- Irã
- Turquia
- Azerbaijão
- Geórgia
- Grécia
- Egito

O objetivo é promover o turismo ao largo da rota histórica que se tornou uma ligação real entre mundo oriental e ocidental por volta do ano 100 a.C. e durou até o século XV, quando as rotas marítimas para a Ásia, que haviam sido recentemente descobertas, foram abertas para exploração. Por 12.000 quilômetros, a principal via comercial do mundo propiciou uma ligação entre algumas das maiores civilizações que o mundo já teve – chinesa, mongol, indiana, persa, romana, grega, bizantina, mesopotâmica e egípcia.

Rota dos Escravos

"A Rota dos Escravos" é um projeto científico e cultural de caráter internacional. Foi desenvolvido pela OMT e a UNESCO e possui seu próprio logo. Em um encontro realizado nos dias 3 e 4 de abril de 1995, em Agra, sob o patrocínio da OMT e da UNESCO e no espírito do Ano Internacional de Tolerância, os países participantes expressaram sua vontade de fomentar o desenvolvimento econômico e humano e de reabilitar, restaurar e promover o patrimônio tangível e intangível legado pelo comércio de escravos, para os propósitos do turismo cultural, enfatizando, desse modo, o caráter comum do comércio de escravos entre África, Europa, Américas e Caribe.

A Declaração de Agra, que foi adotada em 29 de abril de 1995 em Durban (África do Sul) pela Comissão da OMT para a África, durante seu vigésimo sétimo encontro, conduziu a programas de trabalho que incluíam inventário, estimativa e avaliação dos locais, monumentos e registros dos territórios, preparação e implementação conjunta de estratégias e programas visando promover o turismo nacional e internacional e adoção e aplicação de medidas que promovessem a remoção das barreiras que impedem os fluxos de viajantes e turistas.

A primeira atividade executada nesse projeto foi com relação aos sinais. Envolveu a criação e a identificação da Rota dos Escravos por meio de um logo que deve ser utilizado pelos parceiros em todos os documentos de apoio comunicacional e promocional, apresentando o projeto, que dá uma descrição do conteúdo, e o acordo, assim como um guia prático e quadros gráficos. O logo é metafórico – "um escravo musical viajando através do tempo e do espaço, com o som do saxofone".

LOGOTIPOS DE DESTINOS TURÍSTICOS

Vários países e destinos turísticos, em especial por meio de seus órgãos oficiais nacionais de turismo, que são responsáveis pela promoção turística global, em âmbito nacional e internacional, têm adotado um logo oficial (freqüentemente incorporando um tema correspondente) para chamar atenção para seus atrativos e aspectos culturais e lingüísticos.

Como regra geral, o logo turístico oficial é criado após um estudo cuidadoso dos recursos e atrativos turísticos em questão.

Logotipos (ou logos) promocionais passaram a ser considerados os emblemas turísticos de um país ou destino turístico. Eles também podem agir como um indicador de pertences para o setor turístico do país.

Aplicação da Lei Internacional nos Logos Turísticos Nacionais

A Convenção de Paris para a Proteção da Propriedade Industrial, datada de 20 de março de 1883 e revisada em Estocolmo, em 14 de julho de 1967, aplica-se diretamente aos logotipos de órgãos oficiais de turismo no capítulo *"Marcas registradas: proibição para emblemas nacionais, sinais de controle oficiais e emblemas de organizações intergovernamentais"*. A Convenção estipula em seu artigo 6c:

"(a) Os países da União[3] concordam em rejeitar ou invalidar o registro e proibir por medidas apropriadas o uso, sem a devida autorização, como uma marca registrada ou como um elemento de tais marcas, de brasões, bandeiras e outros emblemas de estados de países da União, sinais e marcas oficiais para controle e garantia, adotados por eles, assim como qualquer imitação do ponto de vista heráldico."

"(b) As condições anteriores também se aplicam a brasões, bandeiras e outros emblemas, iniciais ou designações de organizações internacionais intergovernamentais das quais um ou mais países da União sejam membros, com a exceção de brasões, bandeiras e outros emblemas, iniciais ou designações que já tenham sido cobertos por acordos internacionais vigentes para sua proteção."

Administração do Uso de Logos Turísticos Nacionais

Na maioria dos países e destinos, os seguintes órgãos são autorizados a utilizar o logo promocional turístico nacional:

- Autoridades turísticas nacionais, regionais e locais
- Qualquer outro órgão público ou oficial em acordo com o proprietário do logo (ou sem tal autorização)
- Empresas comerciais, com autorização.

Exame de Alguns Logos de Órgãos Oficiais de Turismo

Países e destinos têm desenvolvido logos relacionados com suas estratégias de *marketing*, os quais podem mudar com a reformulação da imagem turística do país ou destino.

IDENTIDADE VISUAL TURÍSTICA DA ARGENTINA

A Secretaria Nacional de Turismo da Argentina desenvolveu, na década de 1990, um novo *slogan* para o país, "Argentina, o país dos seis continentes", e um logotipo representando um condor andino estilizado. A descrição do logo (cores: Pantone 207C, Pantone 1665C e Pantone 289C, telas, tipografia associada: letra tipo Garamond, menor tamanho, uso oficial pelas províncias), as condições básicas de uso (uso oficial pelas províncias) e as instruções de colocação de sinais (painéis, faixas, marcas registradas, etc.) foram dadas em um manual que foi publicado. Qualquer uso e variação nas condições estabelecidas pela Secretaria devem ser aprovados por esta, especialmente no que diz respeito a qualquer material promocional, propaganda de hotel ou de agência de viagem.

(Ver Prancha Colorida)

MANUAL DE IDENTIDADE DE PORTUGAL

O *Manual de Identidade de Portugal* foi publicado e distribuído em 1992, para lançar o novo logotipo turístico do país. A publicação fornece detalhes do trabalho gráfico, cores, impressão e tintas que devem ser utilizadas, recomendações para reprodução do logotipo e indicações para sua proteção.

(Ver Prancha Colorida)

LOGO ESPANHOL

O logotipo, com a palavra ESPAÑA embaixo da ilustração gráfica, sugere um sol em quatro cores: amarelo, vermelho, verde e preto. A brochura fornece detalhes sobre as cores padrões (Escala Européia) com o percentual de cores e o esboço linear do logotipo com as proporções. Indica que o logotipo é propriedade da Secretaria Geral de Turismo e que é administrado e explorado pela organização independente TURESPAÑA. Esta última deve dar permissão expressa para o uso do logo por pessoas ou entidades privadas, as quais devem utilizá-lo de acordo com o Regulamento de 22 de abril de 1986 (Boletim Oficial do Estado, datado de 7 de maio de 1986).

(Ver Prancha Colorida)

MARCAS REGISTRADAS NO TURISMO

As marcas registradas no turismo quase sempre são representadas graficamente por signos e símbolos. Elas possuem aspectos econômicos e legais bastante específicos, que devem ser considerados.

Elementos Básicos

As marcas registradas pertencem ao campo de direitos de propriedade intelectual. Os aspectos críticos relativos a seu uso têm-se acentuado em virtude da liberalização que vem ocorrendo no comércio mundial. Tanto quanto em outros setores, as marcas registradas estão sendo crescentemente utilizadas no setor turístico para diferenciar a empresa e seus produtos de outras empresas e, assim, competir por consumidores, tanto individuais quanto coletivos. À parte dos aspectos legais, é importante que as marcas registradas sejam projetadas e representadas de modo que não sejam confusas e desconfortáveis para o viajante.

As marcas registradas possuem um valor diferente para símbolos e signos turísticos. Elas vão além da imagem do logotipo que carregam para representar empresas e organizações com uma história e uma cultura. Mais de um milhão de marcas são registradas anualmente no mundo todo, e esse número está crescendo rapidamente em setores em desenvolvimento, como o turismo. Um intervalo de tempo é necessário antes que uma marca registrada possa ser reconhecida nacional ou internacionalmente. Quando começam a ser bem-sucedidas, tornam-se marcas de referência, ou pelos produtos ou serviços que representam ou por sua qualidade inerente, a qual leva-os a representar os valores que somam a um tipo de contrato de lealdade ou confiança com seus clientes.

O uso regulamentado e legítimo de marcas registradas contribui para a transparência e o respeito da ética dos negócios e ajuda a evitar confusão com os clientes, assim como disputas comerciais.

Convenções sobre Marcas Registradas

Convenções internacionais existem e são aplicadas para proteger marcas registradas nacionais em países estrangeiros, a saber:

- *A Convenção de Paris para a Proteção da Propriedade Industrial, de 20 de março de 1883 (revisada em 1967),*
- *O Acordo de Madri para o Registro Internacional de Marcas Registradas, de 14 de abril de 1891,*
- *O Acordo de Nice sobre a Classificação Internacional de Produtos e Serviços para o propósito de registro de marcas, de 15 de fevereiro de 1957,*
- *O Acordo Relacionado a Negócios sobre Aspectos Comerciais de Direitos de Propriedade Intelectual da Organização Nacional do Comércio, de 15 de abril de 1994 (TRIPS)*

O acordo TRIPS, que entrou em vigor em 1º de janeiro de 1995, estipula que *"qualquer signo ou combinação de signos que sirvam para distinguir os produtos ou serviços de uma empresa daqueles de outras pode constituir uma marca registrada. Tais signos, especialmente palavras, incluindo nomes de pessoas, letras, figuras, elementos figurativos e combinações de cores, assim como qualquer combinação de tais signos, podem ser registrados como marca registrada"*. (Artigo 15, seção 2: Marcas registradas).

O acordo também afirma que as partes envolvidas *"devem publicar cada marca registrada antes do registro ou o mais rápido possível após o registro, e devem se planejar para a razoável possibilidade de ter o registro cancelado"*.

O artigo 16, linha 1, cobre os direitos concedidos: *"O proprietário de uma marca registrada deve ter o direito exclusivo de evitar qualquer terceira parte de agir sem consentimento, utilizando em operações comerciais signos similares ou idênticos para produtos ou serviços idênticos ou similares daqueles para qual a marca foi registrada, em casos em que tal uso pode levar à confusão. Em caso de uso de um signo idêntico para produtos ou serviços semelhantes, presume-se que o risco de confusão exista. Os direitos citados não afetam o direito previamente existente..."*

O parágrafo 2 confirma o artigo 6b da Convenção de Paris (1967) *"'Marcas registradas: marcas registradas bem conhecidas', ou seja, a Convenção de Paris para a proteção da propriedade industrial de 20 de março de 1893, revisada em Estocolmo em 14 de julho de 1967, pode aplicar-se,* mutatis mutandis, *a serviços. Para determinar se uma marca registrada é amplamente conhecida, as partes interessadas no acordo devem levar em consideração a fama da marca entre a parte do público que interessa, incluindo a fama no país envolvido, como resultado da promoção da marca".*

O mesmo artigo também se aplica, *mutatis mutandis*, a produtos e serviços que não são semelhantes àqueles para o qual a marca foi registrada, contanto que o uso da marca para esses produtos ou serviços indique uma relação entre estes e o proprietário da marca registrada e sob a condição de que esse uso possa prejudicar os interesses do proprietário da marca registrada. Isso significa que todos os produtos e serviços turísticos são afetados pelo acordo TRIPS e que as empresas de turismo devem ajustar-se às condições do acordo de 1994.

O acordo também protege as indicações geográficas que servem para identificar um produto ou serviço como originário do território de uma parte do acordo. Esse assunto é muito importante na área de viagens e turismo.

O acordo TRIPS cobre o "Controle de práticas anticompetitivas nas licenças contratuais" (Seção 8, artigo 40), as quais são bastante freqüentes no setor do turismo. O projeto de marcas registradas cai sob propriedade intelectual, a qual o acordo TRIPS também visa proteger, requerendo que os países que fazem parte do acordo incluam em sua legislação procedimentos que imponham obediência aos direitos de propriedade industrial, assim como medidas corretivas rápidas para prevenir qualquer violação destes e medidas corretivas que se constituam em um meio de dissuasão contra qualquer violação subseqüente.

Com respeito à prevenção e à resolução de disputas (Parte V, Artigos 63 e 64), o acordo requer transparência nas leis, regulamentações e decisões judiciais e administrativas finais, com o intuito de facilitar a troca de informação.

Papel dos Órgãos Oficiais de Turismo

Os órgãos oficiais de turismo começaram a se interessar por regulamentações para o registro e proteção de marcas registradas apenas alguns anos atrás. Em geral, eles fazem recomendações ou dão conselhos sobre esse assunto.

As disputas sobre marcas registradas podem ser resolvidas por meio de arbitragem ou através de seus tribunais comerciais. Em alguns poucos casos, há procedimentos especiais para disputas na área de turismo.

EXEMPLOS

Órgãos administrativos nacionais e órgãos responsáveis por marcas registradas de turismo em diferentes regiões do mundo: alguns exemplos

África

Maláui:	O controle das marcas registradas de turismo está sob responsabilidade do Ministério de Comércio e Indústria
Marrocos:	Controle sob responsabilidade do Ministério de Finanças, Departamento de Taxas e Registros (o órgão oficial de turismo é responsável pelo controle de qualidade)

Américas

Argentina:	Os registros de marcas e direitos de propriedade intelectual são feitos em âmbito nacional
Aruba:	O controle é exercido pela Câmara de Comércio
Bolívia:	Departamento Geral do Escritório Nacional para Propriedade Industrial
México:	Instituto Mexicano para Propriedade Industrial
Peru:	Instituto de Práticas Comerciais e Propriedade Intelectual Legítima

Sudeste Asiático/Ásia e Pacífico

China:	Administração para Indústria e Comércio
Ilhas Maldivas:	Ministério do Comércio, Indústria e Trabalho
Sri Lanka:	Registro das Empresas Públicas e Privadas

Europa

Chipre:	Registro de Empresas e Emblemas Oficiais
Finlândia:	Escritório Nacional de Autorizações e Registro
Israel:	Ministério da Justiça
Eslováquia:	Departamento de Propriedade Industrial da República Eslovaca
Macedônia:	Departamento para a Proteção de Propriedade Industrial
Turquia:	Instituto Turco de Padronização

Oriente Médio

Iraque:	Ministério de Comércio
Jordânia:	Ministério de Comércio, Indústria e Abastecimento

Sinais turísticos da Expo'98 em Lisboa

Em 1996, um estudo de padronização de símbolos turísticos foi publicado pelo Departamento de Planejamento e Estudo da Diretoria Geral de Turismo de Portugal, o qual forneceu um índice de signos e símbolos turísticos nas seguintes áreas:

- Cultura
- Lazer
- Natureza
- Infra-estrutura
- Transporte e viagem
- Instalações turísticas
- Turismo de negócios
- Saúde
- Eventos

Foi um instrumento muito útil para a exposição mundial, LISBON EXPO'98.

EVENTOS ESPECIAIS

Logotipos para eventos especiais relevantes para o turismo, como feiras de turismo e outras, exibições, celebrações (por exemplo, dias especiais), festivais culturais, esportes, jogos, corridas, exposições mundiais, etc., são necessários para carregar e transmitir sua imagem gráfica, a qual pode ser utilizada como eficaz instrumento de informação, promoção e *marketing*.

É válido mencionar que nem todos os principais eventos, mesmo que sejam organizados periodicamente, em intervalos regulares (por exemplo, Dia Mundial do Turismo, realizado todo dia 27 de setembro), possuem seus próprios logotipos.

Os responsáveis por esses eventos podem, igualmente, concluir que o uso de um logo não é válido em termos de custo-benefício, ou que um novo logo pode não ser notado entre os vários já existentes ou, ao contrário, que a adoção de um logo pode evidenciar a mensagem e alcançar o objetivo de uma forma mais eficaz, seja ele conscientização/fixação, participação ou mesmo vendas. Isto deveria ser examinado caso a caso.

SELOS DE QUALIDADE

Marcas ou selos de qualidade turísticos representam um esforço planejado para transmitir uma mensagem de excelência e confiança com padrões de qualidade determinados para clientes individuais ou coletivos. Eles podem ser enscontrados na literatura de viagem e em estabelecimentos e equipamentos turísticos. Podem ser utilizados pelos estabelecimentos que tenham sido premiados com a distinção em questão, dada por um órgão competente e reconhecido da área (um órgão nacional ou uma organização[5] profissional), também podendo tomar a forma de uma recomendação.

Alguns dos símbolos podem ter um significado mais concreto para órgãos profissionais (por exemplo, operadoras turísticas ao contratarem hotéis), enquanto outros são voltados para o público em geral.

Como os selos relacionados com qualidade apresentam um desenvolvimento recente, sua eficácia promocional, comercial e informativa será checada com o passar do tempo. Enquanto isso, é importante saber o significado de distinções ou selos específicos.

Certificação ISO

Os selos (por exemplo, ISO 9001, ISO 9002, ISO 9004-2, ISO 14000) referentes a essa certificação, encontrados em alguns estabelecimentos turísticos, em particular hotéis, ou em guias de viagem, informam sobre a condescendência destes com relação aos padrões ISO, como procedimentos utilizados no gerenciamento (organização, procedimentos escritos, controle de documentos-chave, manutenção de registros, execução de checagens periódicas, identificação e correção de erros, melhoria da comunicação...), os quais foram certificados por uma empresa de auditoria certificada.

A obediência aos padrões ISO não garante qualidade, mas implica tal expectativa por ter criado um ambiente de gerenciamento favorável para a qualidade no estabelecimento em questão.

O sistema é internacional e, majoritariamente, de interesse para empresas pertencentes aos canais de distribuição do turismo (por exemplo, para operadoras turísticas com relação aos hotéis certificados).

Símbolos Regionais

Selo Ecológico Europeu (selo ecológico)

Estabelecido pelo regulamento CE 880/92, essa distinção, juntamente com a ISO 14000, é útil para estabelecimentos turísticos preocupados com o controle ambiental.

Símbolos de Qualidade Nacional

Exemplos recentes oriundos da Espanha e da Suíça

Espanha

CALIDAD TURISTICA

Iniciado como uma marca de qualidade para hotéis e apartamentos turísticos conhecida como ICHE (projetada pelo Instituto para a Qualidade Hoteleira Espanhola), sua aplicação foi ampliada, até o momento (ano 2000), para agências de viagem, restaurantes, *campings*, estações de esqui e de montanha, e estabelecimentos de turismo rural, para ser gerenciado exclusivamente pelo Instituto Espanhol de Qualidade Turística (ICTE). A concessão do selo de qualidade baseia-se nos seguintes princípios:

- seu caráter voluntário e auto-regulador,
- um sistema neutro e rigoroso de padrões de projeto e certificação,
- a existência de um Comitê de Certificação formado por personalidades e instituições de prestígio e responsabilidade, que não estejam relacionadas ao subsetor em questão.

Suíça

Iniciado e acordado por um amplo espectro de órgãos relacionados ao turismo: NTO – Turismo Suíço, União do Turismo Suíço, GastroSuíço, Associação Hoteleira da Suíça, União Suíça de Estradas de Ferro Funiculares (ASC), União Suíça de Transporte Púbico (UTP), Conferência de Diretores Regionais (RDK), Associação de Diretores Suíços de Turismo (ASDT). Esse sistema voluntário e horizontal, desde o início, tem sido aplicado a hotéis, *flats*, *campings*, restaurantes, postos de informação turística, ferrovias, transportes aquáticos, centros esportivos, etc.

Três estágios de padrões de qualidade são designados pelas marcas de qualidade correspondentes:

1. Aplica-se aos estabelecimentos que criaram a base para o desenvolvimento do serviço de qualidade.
2. Aplica-se aos estabelecimentos que instituíram controles administrativos de qualidade e *feedback* dos serviços.

3. Aplica-se aos estabelecimentos que ostentam o sistema de controle de qualidade total (TQM).

Símbolos de Classificação

Os símbolos gráficos utilizados com fins de classificação de estabelecimentos turísticos, por meio de estrelas, coroas, chaves, garfos, conchas, etc., denotam, principalmente, a mensagem sobre as características físicas do estabelecimento, como espaço, tamanho, tipo e número de itens existentes, assim como nível de preço. Tais características também aumentam as expectativas de qualidade; estas, no entanto, não podem ser satisfeitas com base apenas na classificação, uma vez que a qualidade pode ser assegurada em todas as categorias de estabelecimento (e vice-versa).

Logo de Certificação Themis/OMT TEDQUAL

Este logo reflete a certificação para qualidade e eficiência dos programas de ensino de turismo de uma instituição de ensino. A OMT desenvolveu, através da Fundação Themis, o Sistema de Certificação TEDQUAL (Qualidade de Educação Turística), com o objetivo de contribuir para a competitividade no ensino de turismo, propondo uma metodologia e padrões voluntários com alcance mundial para criar uma definição qualitativa dos sistemas de ensino de turismo. O TEDQUAL é, desse modo, um sistema que determina a qualidade em educação e treinamento no turismo, para o qual todas as instituições e corporações de ensino, tanto públicas quanto privadas, que desejem certificar Programas de Educação de Turismo específicos (TEP), podem inscrever-se voluntariamente.

Notas

[1] Fonte: Asociaci à qual todas as instituições e corporações de ensino, tanto públicas quanto privadas, pretendam certificação em Turismo.

[2] A seguir são relacionados alguns exemplos de outras importantes rotas turísticas e culturais internacionais (de acordo com a pesquisa da OMT):

Argentina: Rota dos Incas, Rota das Missões Jesuítas

México: Cidades Coloniais, Barrancas del Cobre, A Rota de Cortez

Finlândia: Rota dos Reis Nórdicos

Israel: Rota das Especiarias (em negociação)

Itália: As "estradas consulares", de origem romana, começando em Roma, como a "Via Aurélia" e levando à França e à Espanha, e a "Via Romea", que se origina na região de Ravena (incluída no itinerário europeu E45, que vai da Sicília até a Dinamarca) das quais algumas ainda permanecem visíveis na Alemanha. A antiga "Via Francegina" cruza a Toscana, o norte da Itália e os Alpes, levando à Estrada Nacional da França número 12, de Abetone a Brennero, que se origina na Toscana e leva à Áustria através do desfiladeiro de Brenner.

República Tcheca: Burgenstrasse

Eslováquia: Rota Ciclística Internacional do Danúbio

[3] Isto é, a congregação de grupos para a Convenção

[4] De acordo com a pesquisa da OMT, apenas um país relatou aceitar o uso do logo de promoção turística nacional pelas empresas comerciais sem permissão (Antiga República Iugoslava da Macedônia – FYROM).

[5] Por exemplo, Associação do Automóvel da América, Michelin na França (aplicável a estabelecimentos dentro e fora do país), etc.

ANEXOS

ANEXO 1

Símbolos Arrolados no Relatório da OMT sobre a Padronização de Signos e Símbolos Turísticos (1989)

Em 1989, a OMT produziu um documento informativo intitulado "Relatório sobre a Padronização de Signos e Símbolos Turísticos" (PG (VI)B.5.1), o qual lida basicamente com atrativos turísticos.

O alvo dessa atividade era *"fazer um levantamento da situação no que diz respeito ao uso de signos e símbolos (que não sejam signos para identificar plantas e instalações turísticas) para indicar atrativos naturais, culturais e históricos de interesse turístico. De qualquer forma, em um certo número de países, signos e símbolos têm sido utilizados há um certo tempo, não apenas para indicar atrativos turísticos, mas também serviços e instalações turísticas..."*

O relatório sugere:

- simplificar a seleção de locais turísticos que poderiam ser indicados, utilizando signos e símbolos padronizados;
- instituir pictogramas universalmente reconhecíveis, que poderiam ser utilizados para indicar essas atrações turísticas.

O relatório mostra que vários conceitos têm sido utilizados para indicar o mesmo atrativo ou atividade, como por exemplo:

Atrativo ou Atividade	Representado por
Parque	Cerca; árvores, árvore com mesa de piquenique
Mirante	Câmera; pôr-do-sol; telescópio; homem em uma montanha olhando a paisagem
Caverna	Entrada de uma caverna com uma pessoa nela;
	Entrada sem pessoa
Cachoeira	Montanha com cachoeira;
	Apenas cachoeira
Vulcão	
Montanha	
Fauna/animais selvagens	
Pássaro; cervo	
Monumentos religiosos	Várias estruturas com símbolos religiosos
Monumentos históricos	Obelisco; arco; estrutura clássica
Ruínas	Arco quebrado; cerâmica quebrada; pinturas rupestres

Uma boa amostra de símbolos (pictogramas) foi recebida dos países e territórios que responderam ao levantamento da OMT. Como resultado, foi possível apresentar uma lista indicativa de atrativos turísticos, como segue:

Natureza

Parques
Mirante
Fenômeno natural
Praias
Jardins
Observação de pássaros
Flora e Fauna
Rotas cênicas

Estruturas e Monumentos

Sítios arqueológicos
Históricos (castelos, fortes, cidades dentro de muralhas)
Arquitetura moderna
Religioso (conventos, igrejas, sinagogas, templos)
Marcos (faróis, torres, habitações)

Recreação e Esportes

Academia de ginástica
Esportes aquáticos
Esportes de inverno
Equitação
Esportes de montanha
Hiking (rotas)
Caça
Pesca
Parques de diversão
Tênis/*Squash*
Golfe
Rotas de ciclismo
Eventos esportivos
Pistas de corrida
Camping
Surfe
Remo

Transporte

Passeios em trens antigos
Passeios de barco
Balonismo
Carruagens
Bonde

Cultura

Museus
Galerias de arte
Eventos musicais
Teatro

Cinema
Leitura de poesia
Exibições
Dança
Coleções (miniaturas, tapeçarias, etc.)

Gastronomia

Produtos e pratos típicos da região ou país
Cursos de culinária
Elaboração de produtos (visitas a vinícolas, plantas)
Festivais culinários

Comércio

Compras
Lojas de especialidades
Oficinas/fábricas
Mercados

Diversão

Folclore
Danceterias
Festivais (jazz, música)
Eventos especiais
Parques temáticos (aquático, histórico)
Shows

Artesanato

Mostras de artesanato
Oficinas
Exibições
Cerâmicas
Trabalho com madeira
Trabalho com metal

Educação

Cursos/seminários (artesanato, culinária, dança, idioma, aspectos ambientais)

Exemplos do Sistema Espanhol de Sinalização Turística

Palavra-chave:
CULTURA

Palavra-chave:
NATUREZA

Palavras-chave:
SOL e PRAIA

Fonte: Ministério do Fomento e da Globalização, Madri, 1999, Pictograma-C.

Tipo de símbolo: Sinais de orientação rodoviária
Cor de fundo: Marrom (de acordo com as normas da União Européia – UE)
Composição: Matriz tipo S-224 incluindo pictograma
Pictogramas: Policrômico (percepção de melhor qualidade)

(Refere-se à pág. 27)

Cores Geralmente Utilizadas para Indicação de Trilhas, em Atividades ao Ar Livre

Para todas as atividades de esqui e trilhas de *trekking*, assim como de escalada, geralmente se utilizam as seguintes cores e sinais.

Verde para Fácil e Seguro

Amarelo ou Alaranjado para Dificuldade Moderada

Vermelho para Muito Difícil

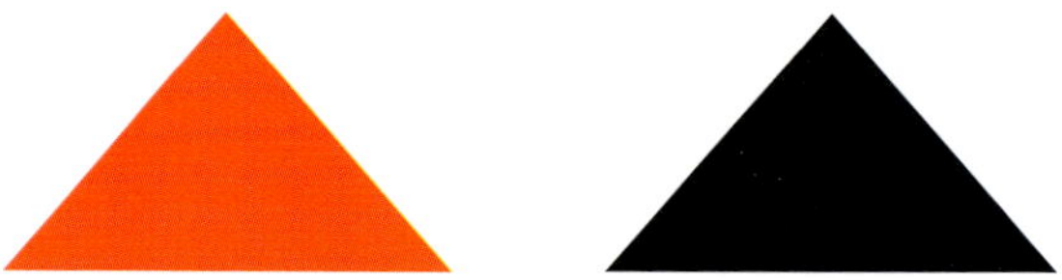

Vermelho e Preto para Perigo[15]

(Refere-se à pág. 36)

Identidade Visual Turística da Argentina

A Secretaria Nacional de Turismo da Argentina desenvolveu um novo *slogan* para o país, "Argentina, o país dos seis continentes", e um logotipo representando um condor andino estilizado. A descrição do logo (cores: Pantone 207C, Pantone 1665C e Pantone 289C, telas, tipografia associada: letra tipo Garamond, menor tamanho, uso oficial pelas províncias), as condições básicas de uso (uso oficial pelas províncias) e as instruções de colocação de sinais (painéis, faixas, marcas registradas, etc.) foram dadas em um manual.

Argentina

(Refere-se à pág. 161)

Manual de Identidade de Portugal

Publicado em 1992, este manual lançou o novo logotipo turístico do país. Nele são fornecidos detalhes do trabalho gráfico, cores, impressão e tintas que devem ser utilizadas, recomendações para reprodução do logotipo e indicações para sua proteção.

Logotipo da Secretaria Geral de Turismo da Espanha

O logotipo, com a palavra ESPAÑA embaixo da ilustração gráfica, sugere um sol em quatro cores: amarelo, vermelho, verde e preto. O texto fornece detalhes sobre as cores padrões (Escala Européia) com o percentual de cores e o esboço linear do logotipo com as proporções.

(Refere-se à pág. 162)

ANEXO 2

Convenção de Viena sobre Signos e Sinais Rodoviários (1968)

A Convenção sobre Signos e Sinais Rodoviários é o principal instrumento que lida com a padronização de signos e símbolos para o tráfego rodoviário. A Convenção foi adotada durante a Conferência das Nações Unidas sobre Tráfego Rodoviário, ocorrida em Viena (de 7 de outubro a 8 de novembro de 1968) e colocada em vigor em 6 de junho de 1978.

Essa Convenção foi ratificada pelos seguintes 59 países (até janeiro de 1996):

Áustria, Bahrein, Belarus, Bélgica, Bósnia-Herzegovina, Brasil, Bulgária, República Central Africana, Chile, China, Costa Rica, Costa do Marfim, Croácia, Cuba, República Tcheca, Dinamarca, Equador, Estônia, Finlândia, França, Alemanha, Gana, Grécia, Vaticano, Hungria, Índia, Indonésia, Irã, Iraque, Itália, Casaquistão, Kuwait, Letônia, Lituânia, Luxemburgo, México, Marrocos, Noruega, Paquistão, Filipinas, Polônia, Portugal, República da Coréia, Romênia, Federação Russa, San Marino, Senegal, Ilhas Seychelles, Eslováquia, Espanha, Suécia, Suíça, Tadjiquistão, Tailândia, Ucrânia, Reino Unido, Venezuela, Iugoslávia, Zaire (República do Congo).

As partes que fazem parte do acordo reconhecem, nessa Convenção, "que uniformidade internacional de signos, sinais e símbolos rodoviários e de marcações rodoviárias é necessária para facilitar o tráfego rodoviário internacional e para aumentar a segurança".

A Convenção concordou no estabelecimento de 113 sinais rodoviários padronizados, classificados nas seguintes categorias:

1. **Sinais de advertência de perigo**, com intenção de prevenir usuários de um perigo na estrada e para informá-los da natureza deste;
2. **Sinais reguladores**, com intenção de informar usuários de estradas de obrigações, restrições ou proibições especiais que eles devem cumprir; subdividem-se em:
   (i) Sinais prioritários,
   (ii) Sinais proibidores ou restritivos; e
   (iii) Sinais mandatórios;
3. **Sinais informativos**, com intenção de orientar os usuários de rodovias enquanto estão viajando ou para fornecer a eles outras informações que podem ser úteis; subdividem-se em:
   (i) Sinais avançados
   (ii) Sinais de direção
   (iii) Sinais de identificação de estradas
   (iv) Sinais de identificação de localidades
   (v) Sinais confirmatórios
   (vi) Outros sinais que fornecem informações úteis para motoristas de veículos
   (vii) Outros sinais indicando instalações que podem ser úteis para usuários de estradas.

ANEXOS DA CONVENÇÃO

Dos oito anexos da Convenção, sete apresentam modelos para sinais e o Anexo 8 lida com marcações rodoviárias.

Anexo 1

Sinais de advertência, que não sejam aqueles colocados em aproximações de cruzamentos ou passagem de nível

Seção A

Modelos para sinais de advertência

A convenção define que os sinais de advertência devem ser um triângulo eqüilátero apresentando um lado horizontal e o vértice oposto acima dele; a base deve ser branca ou amarela e a borda vermelha. O lado no sinal de tamanho normal do modelo A deve medir aproximadamente 0,9m; o sinal de tamanho pequeno não deve medir menos do que 0,6m.

Seção B

Símbolos para advertência e instruções para o uso de tais sinais

- Curva ou curvas perigosas (esquerda, direita, curva dupla, ou sucessão de mais de duas curvas, etc.):
  - Declive perigoso
  - Aclive acentuado
  - Estreitamento de pista
  - Ponte giratória
  - Estrada leva ao cais ou à margem de um rio
  - Pista irregular
  - Estrada escorregadia
  - Cascalho solto
  - Área com desabamento
  - Cruzamento de pedestres
  - Crianças
  - Ciclistas entrando ou cruzando a pista
  - Gado ou outros animais cruzando a pista
  - Trabalhos na estrada
  - Semáforos
  - Aeroporto/Aeródromo
  - Vento lateral
  - Sentido duplo
- Outros perigos (em particular para advertir sobre cruzamentos com estradas de ferro na qual há tráfego ferroviário lento e o tráfego da estrada é controlado por um agente ferroviário)

Anexo 2

Sinais regulando a prioridade em cruzamentos, sinais de advertência em aproximações de cruzamentos e sinais regulando prioridade em partes estreitas da estrada

Seção A

Sinais regulando prioridade em cruzamentos

- Sinal de "dar preferência"
- Sinal de "pare"
- Sinal de "estrada preferencial"
- Sinal de "fim da preferência"

Seção B

Sinais de advertência em aproximações de cruzamentos

Os símbolos devem ser em preto ou azul escuro

- Cruzamento no qual a prioridade é aquela prescrita pela regra geral de prioridade em vigor no país
- Cruzamento com uma estrada cujos usuários devem dar preferência
- Cruzamento com uma estrada para a qual os usuários devem dar preferência
- Rotatória

Seção C

Sinais regulando prioridade em partes estreitas da estrada

- Sinal indicando prioridade para tráfego chegando
- Sinal indicando prioridade sobre o tráfego se aproximando

Anexo 3

Sinais que dizem respeito a passagens de nível

Seção A

Sistemas de advertência de perigo

Seção B

Sinais para serem colocados na proximidade imediata de passagens de nível

Anexo 4

Sinais reguladores que não sejam sinais de prioridade, permanência ou estacionamento

Seção A

Sinais proibitivos ou restritivos

Forma e tamanho
Sinais proibitivos e restritivos devem ser circulares; seu diâmetro não deve ser inferior a 0,6m fora de áreas construídas e 0,4m em áreas construídas.

Proibição e restrição de entrada

- Entrada proibida para qualquer veículo motorizado, exceto motocicletas de duas rodas sem carro lateral
- Proibida a entrada de motocicletas
- Proibida a entrada de bicicleta motorizada
- Proibida a entrada de veículos de mercadoria
- Proibida a entrada para qualquer veículo motorizado carregando um *trailer* que não seja um *semitrailer* ou um *trailer* de eixo único

- Proibida a entrada de pedestres
- Proibida a entrada de veículos puxados por animais
- Proibida a entrada de carrinhos de mão
- Proibida a entrada de veículos agrícolas motorizados
- Proibida a entrada de veículos com uma largura total excedendo .... metros
- Proibida a entrada de veículos com uma altura total excedendo .... metros
- Proibida a entrada de veículos excedendo .... toneladas de peso carregado
- Proibida a entrada de veículos com peso excedendo .... toneladas em um eixo
- Proibida entrada de veículos ou combinações de veículos excedendo .... metros de comprimento
- Proibido virar
- Proibido virar em U
- Proibido ultrapassar
- Limite de velocidade
- Proibido o uso de dispositivo de advertência audível
- Proibido passar sem parar
- Fim da proibição ou restrição

Seção B

Sinais de obrigatoriedade

Formato e tamanho

Sinais de obrigatoriedade devem ser circulares; seu diâmetro não pode ser inferior a 0,6m fora de áreas construídas e 0,4m dentro de áreas construídas. Entretanto, os sinais que possuem um diâmetro de pelo menos 0,3m podem ser utilizados em conjunto com semáforos de trânsito ou em ilhas de trânsito.

Cor

Os signos devem ser azuis e os símbolos devem ser brancos ou de uma cor clara, ou, como alternativa, os signos devem ser brancos com uma margem vermelha e os símbolos devem ser pretos.

Descrição dos sinais

- Direção que deve ser seguida
- Passagem por este lado
- Rotatória obrigatória
- Exclusivo para ciclovia
- Exclusivo para pedestres
- Exclusivo para cavaleiros
- Velocidade mínima obrigatória
- Fim da velocidade mínima obrigatória
- Obrigatório uso de correntes na neve

Anexo 5

Sinais informativos que não sejam sinais de estacionamento

Formato e tamanho

Sinais informativos devem ser retangulares; entretanto, sinais de direção podem ter formato de um retângulo alongado com o lado mais longo na horizontal, terminando em uma ponta de seta.

Cor

Sinais informativos devem ter símbolos ou inscrições em branco ou em alguma cor clara em um fundo escuro, ou símbolos ou inscrições de cores escuras em um fundo branco ou de cor clara.

Seção A

- Sinais de avanço na direção
- Sinais de avanço tais como para proibido entrar direto na estrada

Seção B

Sinais de direção

Seção C

Sinais de identificação de locais

Seção D

Sinais confirmatórios

Seção E

Cruzamento de pedestres

Seção F

Outros sinais que forneçam informação útil para motoristas

- Sinal de hospital
- Sinal de estrada com mão única
- Sinal de proibido entrar direto na estrada
- Sinais notificando uma entrada ou saída de uma rodovia
- Sinais notificando uma entrada ou saída de uma estrada na qual as regras de trânsito são as mesmas de uma rodovia
- Sinais notificando um ponto de parada de ônibus ou de bonde
- Sinal de estrada aberta ou fechada

Seção G

Sinais notificando sobre instalações que podem ser úteis para os usuários das estradas

Formato e cor

Esses sinais devem ter um fundo azul ou verde; eles devem ser compostos por um retângulo branco ou amarelo no qual o símbolo é exibido. Na faixa azul ou verde, na parte inferior do sinal, a distância da instalação indicada ou da entrada da estrada que leva até ela pode ser inscrita em branco.

Descrição dos símbolos

- Símbolos de primeiros socorros
- Área de descanso
- Telefone

- Posto de combustível
- Hotel ou motel
- Restaurante
- Lanchonete
- Local para piquenique
- Local de início de uma caminhada
- Área de *camping*
- Área para *trailer*
- Área de *camping* e *trailer*
- Albergue da juventude

Anexo 6

Sinais de permanência e estacionamento

Seção A

Sinais proibindo ou restringindo a permanência ou estacionamento

Formato e cor

Esses sinais devem ser circulares; seu diâmetro não deve ser inferior a 0,6m fora de áreas construídas e 0,25m em áreas construídas. O fundo deve ser azul e a borda e as faixas oblíquas devem ser vermelhas.

Descrição dos sinais

- Proibido estacionar
- Proibido parar ou estacionar
- Estacionamento alternativo
- Zona de estacionamento por tempo limitado

Seção B

Sinais que fornecem informação útil sobre estacionamento

- O sinal "estacionamento"
- Sinal indicando a saída de uma zona de estacionamento por tempo limitado

Anexo 7

Painéis adicionais

Esses painéis devem ter um fundo branco ou amarelo e uma margem preta, azul escura ou vermelha, caso no qual a distância ou comprimento deve estar inscrito em preto ou azul-escuro; ou um fundo preto ou azul-escuro e uma margem branca, amarela ou vermelha, caso no qual a distância ou comprimento deve estar inscrito em branco ou amarelo.

Anexo 8

Marcação rodoviária

Marcações na superfície de estradas
Elas devem ser feitas em material antiderrapante e não devem se projetar mais do que 6mm acima do nível do acostamento. Caibros verticais ou dispositivos semelhantes utilizados para marcação não devem se projetar mais do que 1,5cm acima do nível do acostamento.

Marcações longitudinais
Suas dimensões são definidas no Anexo, em particular as marcações de pistas de trânsito.

Marcações para situações específicas
Tais como o uso de linhas contínuas, linhas de margem indicando os limites do acostamento, marcações de obstruções e linhas orientadoras para veículos em convergência.

Marcações transversais
Elas devem ser marcações mais largas do que longitudinais por causa do ângulo no qual o motorista as vê nos acostamentos.

Linhas de pare

Linhas indicando pontos nos quais os motoristas devem dar preferência

Cruzamento de pedestres

Cruzamento de ciclistas

Setas de marcações

Linhas paralelas oblíquas

Marcações com palavras como pare, ônibus, táxi

Regulamentações de permanência e estacionamento

Marcações no acostamento e em estruturas adjacentes

ANEXO 3

Sinais Internacionais para Orientação em Aeroportos e Terminais Marítimos

Uma publicação conjunta da ICAO-IMO (1995 – doc 9430)

O conteúdo dessa publicação reflete o processo utilizado para preparar este documento. Portanto, consiste em uma seção geral explicando os princípios que dizem respeito ao uso de sinais, uma seção representando sinais que podem ser comuns aos terminais marítimos e aéreos, e duas outras seções específicas para aeroportos ou terminais marítimos, cobrindo, todas elas, 42 referentes.

SEÇÃO I. PRINCÍPIOS GERAIS CONCERNENTES AO USO DE SINAIS

Os principais conceitos são os seguintes:

Quantidade de sinais

"O número de sinais utilizados em aeroportos e terminais marítimos deve ser mantido o menor possível, coerente com a necessidade de proporcionar orientação aos seus usuários e ao público em geral."

Localização e tamanho

"Onde apropriado, os sinais devem indicar a direção e a localização das instalações em questão. Os sinais devem ser colocados em locais visíveis e não devem ser ocultados por obstáculos ou ter que competir por atenção com propaganda e outros sinais. O suporte do sinal deve contrastar moderadamente com o ambiente (por exemplo, um ambiente mais claro demanda uma superfície mais escura para o suporte, enquanto um ambiente mais escuro demanda uma superfície mais clara).

Os sinais devem ser grandes o suficiente para serem identificados a distâncias razoáveis e, onde necessário, devem ser iluminados interna ou externamente. A relação entre o tamanho dos símbolos e o sinal como um todo, deve ser a mesma para todos os sinais de um mesmo prédio do terminal.

Sinais de direção devem ser retangulares e sinais de localização devem ser quadrados ou retangulares...

Quando um símbolo de um sinal que apresenta características de direção implícitas ou explícitas, tais como um ônibus ou helicóptero, é combinado com uma seta direcional, deve ser lateralmente invertido, se necessário, de modo que aponte na mesma direção que a seta, evitando ambigüidade de direção."

O uso de palavras

"Os símbolos devem ser utilizados sozinhos, sem palavras, sempre que possível."

Letras e figuras

"Onde as palavras são, apesar de tudo, necessárias, uma única fonte deve ser utilizada e padronizada em todos os sinais, por todos os edifícios do terminal, em todo os aeroportos e terminais marítimos de um mesmo país.

...

A coordenação das cores da inscrição e do fundo deve ser deixada a cargo do órgão nacional ou local. Em geral, inscrição escura em um fundo claro é mais legível em razão de um contraste de brilho mais favorável..."

Cores

"O mesmo esquema de cor deve ser utilizado em todos os sinais de um terminal aéreo ou marítimo e, se possível, em todos os prédios de aeroportos e terminais marítimos de um mesmo país."

SEÇÃO II.
SINAIS INTERNACIONAIS PARA ORIENTAÇÃO EM AEROPORTOS E TERMINAIS MARÍTIMOS

1. Área de retirada de bagagem
2. Carrinho de bagagem
3. Armários para bagagem
4. Guarda-volumes
5. Informação
6. Ônibus
7. Trem
8. Táxi
9. Aluguel de veículo
10. Sanitários (geral)
11. Sanitários (masculino)
12. Sanitários (feminino)
13. Telefone
14. Instalação postal
15. Telegrama/telex
16. Banco ou casa de câmbio
17. Bar
18. Restaurante
19. *Coffee shop* (ou instalação equivalente)
20. Água potável
21. Área de compras

22. Primeiros socorros[1]
23. Farmácia[1]
24. Achados e perdidos
25. Berçário
26. Acesso para pessoas deficientes
27. Elevadores
28. Reserva de hotel
29. Proibido fumar
30. Entrada proibida
31. Proibido carregar armas a bordo
32. Setas direcionais
33. Projeto ampliado de uma seta direcional

SEÇÃO III. SINAIS INTERNACIONAIS PARA ORIENTAÇÃO EM AEROPORTOS

34. Chegadas
35. Partidas
36. Vôos de conexão
37. Helicóptero

SEÇÃO IV. SINAIS INTERNACIONAIS PARA ORIENTAÇÃO EM TERMINAIS MARÍTIMOS

38. Chegadas
39. Partidas
40. Passageiros a pé
41. Carros
42. Caminhões

---

[1] "International signs to provide guidance to persons at airports and marine terminals", ICAO, IMO, London 1995, IMO sales number: IMO-370M/ICAO sales number: Doc 9636-C/1114. O documento explica que se em um sinal há uma cruz, em países em que a cruz não é um emblema reconhecido, outro emblema apropriado pode ser utilizado no lugar deste.

ANEXO 4

Índice Numérico e Levantamento dos Símbolos de Informação Pública Adotados pela ISO 7001

001 Direção
002 Permitido fumar
003 Helicóptero
004 Bonde elétrico
005 Ônibus
006 Masculino/Homem
007 Feminino
008 Telefone
009 Posto de combustível
010 Água potável (de torneira)
011 Escadas
012 Táxi
013 Sala de espera
014 Extintor de incêndio
015 Sanitário
016 Sanitário masculino
017 Sanitário feminino
018 Lixeira
019 Proibido jogar lixo

020 Câmbio
021 Elevador
022 Aeronave
023 Estacionamento para um tipo específico de veículo
024 Barco
025 Reserva ambiental
026 Entrada
027 Saída
028 Guarda-volumes
029 Atividades esportivas
030 Acomodação/Hospedagem
031 Restaurante
032 Hospital
033 Bondinho de grande capacidade
034 Bondinho de pequena capacidade
035 Estrada de ferro com tração funicular
036 Teleférico de cadeira
037 Fechar barra de segurança por cima
038 Abrir barra de segurança por cima
039 Fechar barra de segurança
040 Abrir barra de segurança
041 Fila dupla
042 Fila tripla
043 Levantar a ponta dos esquis
044 Cabo para transporte de esquiadores
045 Banho
046 Ducha
047 Tênis
048 *Squash/racket ball*
049 Achados e perdidos
050 Ingressos/Bilhetes
051 Teleférico com cadeira dupla
052 Teleférico com cadeira tripla
053 Teleférico com cadeira quádrupla
054 Fila quádrupla
055 Passageiros a pé devem descer
056 Esquiadores devem descer
057 Declive íngreme na pista do cabo para transporte de esquiadores

ANEXO 5

Índice de Signos e Símbolos Utilizados como Variantes para Indicar a Existência e a Condição de Equipamentos, Instalações e Serviços para Pessoas com Deficiências

Para o objetivo desta publicação, o termo "pessoa com deficiência" inclui todas as pessoas que, por causa do ambiente em que se encontram, apresentam necessidades especiais enquanto viajam, particularmente indivíduos com deficiências físicas, sensoriais e mentais; outras condições médicas que requerem cuidado especial; pessoas idosas e outros que necessitem de assistência temporária (OMT, Anexo à resolução A/RES/284 – IX) da Assembléia Geral em sua nona sessão (Buenos Aires – Argentina, 30 de setembro a 4 de outubro de 1991).

Se existem apenas alguns poucos símbolos específicos diretamente relacionados com deficiências e internacionalmente recomendados para padronização, muitas variantes (símbolos alternativos ou dois ou mais símbolos combinados) podem existir para indicar a existência e a condição de equipamentos, instalações e serviços públicos de uso turístico e de visitação para pessoas com deficiências.

Em alguns casos, o uso de símbolos pode estar relacionado com o nível de acessibilidade, conforme definido, por exemplo, pela União Européia de Turismo em "All Accessible Accomodation Standard $^1/_2$".

1. Informação para o Público Geral e para os Visitantes

O símbolo internacional de acesso para deficientes[3]

O símbolo foi adotado em 1969, pela instituição Reabilitação Internacional (RI), uma união de organizações nacionais e internacionais cuja atuação é voltada para pessoas com deficiências, estando presente em cerca de 60 países.

O símbolo do RI, de acordo com a ISO (ISO/145, Londres 1976) tem as seguintes vantagens:

- é destacado e expressivo
- é simples, mas ainda assim possui uma forma estética
- é facilmente identificável, a curta e longa distância
- não pode ser confundido com nenhum outro símbolo
- é facilmente lembrado
- é fácil de ser reproduzido e fabricado em todos os tamanhos, materiais e cores

1.1. Variante – acessível para um viajante independente usuário de cadeira de rodas

2. Acesso com assistência

2.1. Variante – acessível a um usuário de cadeira de rodas, com assistência

3. Acesso para pessoas com mobilidade limitada, porém capazes de andar alguns passos e subir um máximo de três degraus

4. Acesso para pessoas com necessidade de auxílio para andar

5. Instalações para pessoas com deficiência visual

6. Instalações para pessoas com deficiência auditiva

7. Estacionamento com variantes para usuário com assistência e pessoas com mobilidade limitada

8. Rampas (<5% e 0,9m de largura)

9. Ascensores móveis

10. Escadas com acesso para usuário de cadeira de rodas

11. Elevador acessível (1m de comprimento por 0,8m de largura)

12. Obstáculos

13. Entradas acessíveis para usuários de cadeira de rodas

14. Sanitários acessíveis para usuários de cadeira de rodas (porta abre para fora e apresenta 1,9m de comprimento por 0,9m de largura, no mínimo) (Unissex)

14.1. Sanitários, idem (Masculino)

14.2. Sanitários, idem (Feminino)

15. Permitida a entrada de cães-guia

16. Informação em braile

17. Sistema de guia por rádio especial para pessoas com deficiências visuais

18. Telefone público com acesso para usuários de cadeira de rodas e pessoas de baixa estatura

19. Instalações de conserto e substituição de próteses e equipamentos

20. Farmácia com acesso para usuários de cadeira de rodas ou venda de medicamentos, próteses e equipamentos para pessoas com deficiências

21. Clínicas veterinárias para animais de serviço

22. Fornecedor de serviços médicos especializados

23. Equipe de funcionários treinada para lidar com pessoas com deficiências

24. Serviços de traslado para e de terminais ferroviários, aéreos, de ônibus e marítimos com acesso para usuários de cadeira de rodas

2. Equipamentos e Instalações Turísticas

25. Restaurante com acesso para usuários de cadeira de rodas
26. Bar com acesso para usuários de cadeira de rodas
27. Lanchonete com acesso para usuários de cadeira de rodas
28. Discoteca com acesso para usuários de cadeira de rodas
29. Jardim com acesso para usuários de cadeira de rodas
30. Loja com acesso para usuário de cadeira de rodas
31. Duchas com acesso para usuário de cadeira de rodas
32. Sistemas de alarme adequado para visitantes surdos e cegos
33. Portas com largura mínima de 0,7m
34. Quartos acessíveis, com superfície da cama entre 450mm e 540mm acima do chão
35. Televisão e vídeo equipados para pessoas com deficiências
36. Telefone do quarto com teclas grandes
37. Telefone do quarto com acopladores e amplificadores indutivos
38. Piscina com acesso para pessoas com deficiências
39. Academia de ginástica com acesso para pessoas com deficiências
40. Assentos/acomodações adequadas para pessoas em cadeiras de rodas, em instalações para conferência

3. Instalações de Hospedagem com Possíveis Níveis de Certificação de Acessibilidade

1. Rampas (cobrindo todas as áreas dentro e fora do alojamento)
2. Entradas (cobrindo todas as áreas dentro e fora do alojamento)
3. Degraus de aproximação interno e externo (onde não há rampa não deve haver mais do que os degraus especificados, em qualquer ponto, para a entrada)
4. Corrimãos (externo e interno)
5. Principais portas de entrada (cobrindo todas as áreas dentro e fora do alojamento)
6. Portas internas (cobrindo todas as áreas dentro e fora do alojamento)

7. Maçanetas das portas (cobrindo todas as áreas dentro e fora do alojamento)
8. Caminhos, passagens e corredores (todas as rotas que o cliente deficiente usaria – cobrindo todas as áreas dentro e fora do alojamento)
9. Espaços desobstruídos, livres do vaivém da porta (cobrindo as áreas da entrada e da recepção, restaurante/salão de jantar/bar, saguão, quartos e banheiros, sanitários públicos acessíveis, instalações de lazer e de conferência)
10. Mesas (cobrindo restaurantes, salas de jantar/reunião e bares e penteadeiras ou uma escrivaninha em quartos acessíveis)
11. Interruptores de luz, puxadores de cortina e cabideiros
12. Espelhos em todos os sanitários públicos acessíveis, quartos acessíveis e banheiros dentro de apartamentos
13. Entradas públicas e internas, em geral
14. Sanitários públicos acessíveis
15. Elevador
16. Instalações de conferência, reunião e jantar
17. Instalações de lazer e esportes, tanto em ambientes internos quanto externos
18. Quartos acessíveis
19. Banheiro
20. Banheiro onde há apenas uma ducha disponível
21. Banheiro com instalações de toucador, dentro do apartamento

Notas

[1] Para pessoas com deficiências visuais ou cegas, ou (algumas vezes, assim como) além disso pessoas com dificuldades de audição ou surdas.
Da "Proposal of the European Union Tourism for All Acessible Accommodation Standard, European Forum With Disabilities", 1996, Fonte: OMT.

[2] NÍVEIS CERTIFICADOS DE ACESSIBILIDADE
Acessibilidade Física
Acessibilidade Sensorial

Nível 4. Acessibilidade total para todas as pessoas
Inclusivo

Nível 3. Acessibilidade total em todas as áreas para usuários de cadeira de rodas independentes
Sozinho

Nível 2. Acessível nas áreas básicas, incluindo usuários de cadeira de rodas independentes
Sozinho

Nível 1. Acessível para pessoas com deficiência móvel
Sozinho

O símbolo é adicionado a um número (1, 2, 3 ou 4). "European Union Tourism for All Acessible Accommodation Standard", European Forum With Disabilities, 1996. Esses números são utilizados principalmente em guias e folhetos turísticos.

Os símbolos gráficos citados em negrito são reproduzidos no Capítulo 3.

[3] O termo "deficiente" (sugerindo que a pessoa em questão não é capaz) está sendo questionado atualmente, propondo-se que seja substituído pelo termo "pessoas com deficiências", em conformidade com a posição dos Conselhos Nacionais reunidos no Fórum Europeu de Pessoas com Deficiências (1996).

ANEXO 6

Comunicação Impressa Destinada a Leitores Maduros

(Trechos da publicação "Strategies for Targeting the Senior Market", por Hal Norvell, AARP em associação com ITT Hartford, Segunda Conferência Internacional sobre Turismo para a Terceira Idade, 1996, OMT)

COMO PROJETAR?

O que você pode fazer para projetar imagens e gráficos que irão "ter como alvo" pessoas com mais de 40 anos? Como você pode ajudar a assegurar que elas serão capazes de ler e dar a você a atenção total para a qual você paga desenhistas e tipógrafos?

TAMANHO DA FONTE

Pesquisas sugerem que a cópia do texto impressa com fontes, que são ligeiramente maiores do que aquelas comumente utilizadas, é mais eficaz para leitores mais velhos. A maioria dos especialistas recomenda que o texto seja feito em fonte de tamanho 11 a 14. Fonte de tamanho 12 normalmente é suficiente, dependendo do título.

TÍTULO, PÁGINA

Dois pontos de título – o espaço entre linhas da fonte – é mais comumente utilizado em cópias de texto para leitores de todas as idades. O uso de mais do que dois pontos de título pode não ser produtivo quando se utiliza fonte de tamanho 14 ou maior. As palavras parecem flutuar na página e demorará mais tempo para leitura e compreensão.

ESTILO DA FONTE

Conforme o olho humano fica mais velho, sua habilidade de focar em um material próximo diminui. O leitor mais velho dependerá mais de reconhecer formas e letras pela resolução de suas bordas. Estilos de fontes com bordas claras e bem definidas auxiliarão os leitores a reconhecer e processar as palavras.

PREFERÊNCIA POR SERIFA

As fontes em estilo serifado são as preferidas para os textos. Fontes adornadas, como o itálico, não são recomendadas porque as letras, que se apresentam desordenadas e borradas, são difíceis de serem definidas. Caixa alta e baixa é o melhor. Fontes consistindo apenas de letras maiúsculas tornam a palavra difícil de ser diferenciada.

FORMATO DO MODELO

Para livros e revistas de 8,6″ × 11″ ou 20cm × 30cm, o formato de duas colunas funciona bem. Cada coluna deve ter cerca de 3″ ou 8,5cm de largura, com 3/8″ ou 1cm entre colunas. Se for escolhido o formato de uma coluna, cada linha do material deve estar entre cinco e seis polegadas ou 12cm e 15cm de largura.

PARÁGRAFOS CURTOS E CLAROS

Parágrafos e sentenças curtos e claros são facilmente assimilados por leitores de qualquer idade. "Espaço branco" é útil porque automaticamente organiza informação em pequenos pacotes para processamento.

CONTRASTE 1

Como regra geral, quanto maior o contraste da página, mais fácil é para o leitor idoso identificar uma imagem.

CONTRASTE 2, A RETINA RECEBE MENOS LUZ

Conforme envelhecemos, a retina do olho recebe menos luz. Portanto, materiais impressos para leitores mais velhos devem compensar isso com uma sensibilidade maior para o brilho e menor para o contraste.

CONTRASTE 3, TINTA PRETA E ESCURA

Tinta preta e escura em papel fosco branco é a melhor opção para o material impresso. Tinta escura absorve a luz, enquanto o papel branco a reflete.

ESCURO EM ESCURO

Muitos artistas preferem cor sobre cor. Entretanto, para nossos olhos, conforme envelhecemos, tal sutileza se torna muito difícil de ser lida. Em alguns casos, as mensagens podem desaparecer completamente.

CONTRASTE GRADUADO

O modelo mais fácil para se ler apresenta o maior contraste. Lembre-se, entretanto, de que um bom modelo pode incluir o uso das mesmas cores ou de cores altamente contrastantes. O projetista simplesmente precisa trabalhar mais, com mais criatividade.

VISUAIS DE APOIO, COR, 1

Conforme envelhecemos, as lentes do olho começam a amarelar. As cores parecerão mais embotadas, especialmente no final azul-verde do espectro de cores. O leitor mais velho verá menos contraste entre essas cores. Vermelhos, alaranjados e amarelos são bem pouco afetados pelo envelhecimento.

VISUAIS DE APOIO, DIAGRAMAS, 2

Gráficos e diagramas devem utilizar cores com alto contraste. Alto contraste é especialmente crítico em gráficos de barra e mapas. Sempre verifique suas escolhas de cores através de um filtro amarelo-claro.

VISUAIS DE APOIO, 3

Conforme envelhecemos, levamos mais tempo para reconhecer e processar informação. Também se torna mais difícil encontrar informação quando ela está embutida em um aparato.

VISUAIS DE APOIO, 4

Por exemplo, leitores mais velhos apresentam problema para enxergar a fonte colocada sobre os elementos artísticos. A fonte desaparece no meio desses elementos, e o leitor terá mais dificuldade em separar e extrair a informação de outros estímulos na página.

ANEXO 7

Recomendações do Conselho Executivo da OMT sobre Signos e Símbolos Turísticos

(adotadas em 30 de novembro de 2000, por decisão do Conselho Executivo CE/DEC/6 (LXIII-LXIV) sobre a proposta do Comitê de Controle de Qualidade da OMT)

A. RECOMENDAÇÕES REFERENTES AOS SIGNOS DE INFORMAÇÃO TURÍSTICA

O Conselho Executivo,

Relembrando o texto revisado da recomendação B (13 bis) feito para os órgãos governamentais pela Comissão Regional para o Turismo na Europa (RCTE), da União Internacional de Organizações Oficiais de Viagem/IUOTO (Amsterdã, Holanda, 28 de abril de 1975), o signo para indicar a localização de um centro de informações turísticas deve ser feito conforme um dos dois modelos de sinais mostrados no Apêndice 1 desta recomendação;

Considerando o uso comum atual desse signo, tanto do "i" quanto da variante "*i*", e a prática crescente na Europa e em outras regiões do mundo, especialmente onde o alfabeto latino é pouco comum ou não é utilizado, do signo acompanhado pelo ponto de interrogação;

Considerando, entretanto, que a condição atual do signo não é sempre clara para seus usuários e beneficiários, atuais e potenciais;

1. **Tal recomendação reafirma** o uso do signo "i" (ou "*i*"), conforme mostrado no Apêndice 1, para:
   (a) indicar a localização de postos de informação turística públicos
   (b) indicar todos os outros locais, oficiais ou particulares, onde informação turística é fornecida gratuitamente ao público em geral
   (c) indicar a disponibilidade de informação turística em mídia impressa, audiovisual ou eletrônica.
2. **Recomenda** o uso alternativo, nesses casos, do signo "i" (ou "*i*") acompanhado por um ponto de interrogação, conforme mostrado no Apêndice 2.

Apêndice 1

Signo de informação turística

Modelo A de signo

Modelo B de signo

Apêndice 2

Signo de informação turística

Modelo A.1 de signo

Modelo B.1 de signo

B. ESBOÇO DA RECOMENDAÇÃO SOBRE O USO DE REFERENTES DE COR UNIFORME PARA SISTEMAS DE BANDEIRAS DE PRAIA DE ADVERTÊNCIA

O Conselho Executivo,

Considerando que o atual conjunto de cores utilizadas para sistemas de bandeiras de praia de advertência confunde visitantes internacionais praticantes de atividades de natação;

Reconhecendo que essa situação apresenta sérios problemas para a segurança destes, e dá origem a preocupações com relação à obrigação de solucionar isso por parte das operadoras turísticas e de instalações de lazer;

Recomenda o uso de referentes de cor uniforme para sistemas de bandeiras de praia de advertência, tanto para atividades no mar quanto em água doce, conforme segue:

- Verde: Seguro
- Amarelo: Cuidado
- Vermelho: Perigo

C. ESBOÇO DA RECOMENDAÇÃO SOBRE O USO DE REFERENTES DE COR UNIFORME PARA ATIVIDADES E INSTALAÇÕES DE RECREAÇÃO AO AR LIVRE

O Conselho Executivo,

Considerando que, em nível internacional, o conjunto de referentes de cores atualmente utilizado para determinar o nível de dificuldade de atividades de recreação ao ar livre e de suas instalações correspondentes (trilhas de caminhada e de *trekking*, corrida, etc.) não é uniforme;

Considerando, ademais, que essa situação pode ser confusa e mesmo perigosa para viajantes internacionais praticantes de atividades de recreação ao ar livre;

Considerando também que os operadores de atividades de recreação ao ar livre e as instalações correspondentes interessados em desenvolver tais atividades e as instalações disponíveis para o fornecimento de serviços para visitantes internacionais precisam de orientação sobre as cores padrões que eles poderiam utilizar para comunicar o nível de dificuldade das atividades e instalações em questão;

Recomenda o uso de referentes de cor uniforme conforme segue:

- Verde: Fácil
- Amarelo: Moderado
- Vermelho: Difícil
- Preto: Muito difícil e perigoso

D. ESBOÇO DA RECOMENDAÇÃO SOBRE O USO DE REFERENTES DE COR UNIFORME PARA ATIVIDADES E INSTALAÇÕES RELACIONADAS COM A PRÁTICA DE ESQUI E DE ESPORTES DE INVERNO

O Conselho Executivo,

Considerando que, em nível internacional, o conjunto de referentes de cor atualmente utilizado para determinar o nível de dificuldade em atividades e suas instalações correspondentes, relacionadas com esqui e esportes de inverno (esqui *downhill*, trilhas turísticas de esqui, *snowboard*, etc.) não é uniforme;

Considerando, ademais, que essa situação pode ser confusa e mesmo perigosa para visitantes internacionais praticantes de atividades relacionadas com a prática de esqui e de esportes de inverno;

Considerando também que os operadores de atividades de esqui e outros esportes de inverno e suas instalações correspondentes, interessados em tornar tais atividades e instalações disponíveis e em fornecer serviços para visitantes internacionais, necessitam de orientação sobre as cores padrão que poderiam utilizar para comunicar o nível de dificuldade das atividades e instalações em questão;

Recomenda o uso de referentes de cores uniformes, conforme segue:

- Verde: Fácil
- Amarelo: Moderado
- Vermelho: Difícil
- Preto: Muito difícil e perigoso

Bibliografia

Argentina

Argentina, Manual de Señalización Turística, cop., Buenos Aires (undated).

Argentina, El país de los seis continentes, Identidad Corporativa Turística, Manual de Aplicación, Secretaría de Turismo, Previdencia de la Nación, Buenos Aires (undated).

Austrália

Australia, Western Australian Tourism Commission, Guidelines for Tourism Signs, June 1995, ISBN 0 7309 6463 9.

Bolívia

Ministerio de Desarrollo Económico, Secretaría Nacional de Turismo, Metodología para la Señalización Turística, Dirección de la Planificación, La Paz, Bolivia, Agosto 1997.

Comissão Européia

Council Recommendation of 22 December 1986 on standardized information in existing hotels (86/665/EEC), Official Journal of the European Communities, Nº L 384/54, 31/12/86.

França

Charte Graphique pour panneax de balisage informatif, Signalétique, Ministère du Tourisme, France, Paris, 1993.

Ministère du Tourisme et Ministère de l'Equipement, du Logement et des Transports, Signalisation touristique, Guide, Direction des Journaux Officiels, Paris, France, Mars 1992.

Péter Gérard, chargé de mission SEATER (Ministère du Tourisme), La signalisation touristique en France est-elle pour demain?, polycopié, Paris, Mars 1986.

Signalisation et Signalétique touristiques, numéro spécial d'Espaces, Revue technique du tourisme et des loisirs, Paris, nº 136, novembre-décembre 1995.

Organizações Internacionais

APEC, Standardization of Simbols for Visitor Signage Final Report, Singapore, May 1999.

APEC, Standardization of Symbols for Visitor Signage, Executive Summary, Singapore, May 1999.

COUNCIL OF EUROPE/CONSEIL DE L'EUROPE, Conseil de la Coopération culturelle, Itinéraires culturels européens, ICE (89)1, Strasbourg, Janvier 1989.

ICAO-IMO, International signs to provide guidance to persons at airports and marine terminals, ICAO, IMO, London 1995, IMO sales number: IMO-370M/ICAO sales number: Doc 9636C/1

IFTO, Inquiry on Beach Safety, International Federation of Tour Operators, London, April 1997.

IMO, The use of graphical signs and sybols at marine terminal and on board ship, Facilitation Committee, FAL 18/7/1, 7 July 1988, International Maritime Organization.

ISO, International Organization for Standardization, Procedures for the development and testing of public information symbols, ISO 9186: 1989 (E), Geneva, 1989.

UNCRT, United Nations Conference on Road Traffic, Final act and related documents, E/CONF.56/16 Rev. 1-17/Rev. 1/19, New York 1969.

WIPO, Implications of the TRIPS Agreement on Treaties administred by WIPO, World Intellectual Property Organization, Geneva, 1996.

WTO, Report on the normalization of tourism signs and symbols, PV(VI)B.5.1., Madrid, 22 November 1989, Original: English.
WTO, Second International Conference on Senior Tourism, Recife (Brazil), Proceedings – Selected Materials, Madrid, May 1997 (in particular, se Hal Norvell, AARP, Strategies for Targeting the Senior Market).
WTO, Report on the Status of Tourist Signs and Symbols worldwide, Madrid, 1998.
WTO & ETTFA, Travel & Tourism Fairs, Guideline for Exhibitors, WTO, Madrid, 1997.

Peru

Peru, Manual de Señalización Turística, Sector Turismo, Ministerio de Industria, Comercio Exterior, Turismo e Integración (2ª edición), 1991.

Portugal

Portugal, Manual de Identidade, Direção de Informação Turística, Lisboa, s.d. Gabinete de Estudos e Planejamento, Normalização da Simbolização Turística, Direção Geral do Turismo, Lisboa, outubro 1996.

Espanha

Turespaña, Desarrollo del logotipo español, Secretaría General de Turismo, Madrid (undated).
Dirección General de Carreteras, Ministerio de Fomento, Sistema de señalización turística homologada en las carreteras estatales (SISTHO), Madrid, 1999, 12p.
Dirección General de Carreteras, Ministerio de Fomento y Globalesco, Sistema de señalización turística homologada en las carreteras estatales (SISTHO), Resumen Desarrollo Proyecto, propuestas de diseños, ejemplos aplicados, Madrid, 1999, 15p.
Dirección General de Turismo, Ministerio de Economia y Hacienda, Secretaria de Estado de Comercio, Turismo y de la Pequeña y Mediana Empresa, Información general sobre el sistema de señalización turística homologada (SISTHO), Madrid, 1999, 5p.

Reino Unido

British Tourist Authority, Symbols for tourist guides, maps and countryside recreation, Fourth edition, London, 1993.

British Standards Institute, Public Information Symbols, Proposed British Standard, London, 1997, 4p.

HMSO, British Government, The Traffic Signs Regulations and General Directions 1994, Statutory Instruments 1994 nº 1519, London, 1994.